MANUAL PRÁCTICO DE PROPIEDAD INDUSTRIAL

CÓMO PROTEGER LA INNOVACIÓN SIN PERDER LA PACIENCIA

PEDRO PABLO UCEDA CARRILLO

Manual práctico de propiedad industrial.
Cómo proteger la innovación sin perder la paciencia

Autor: Pedro Pablo Uceda Carrillo

Diseño de cubierta: Martín Ángel Rodríguez Molina

Maquetador: Carlos Benita Rodríguez

Editora y correctora: Ligia Boga

Edita:
© FUNDACIÓN CONFEMETAL
Príncipe de Vergara, 74 – 28006 Madrid
Tel.: 917.823.630
editorial@fundacionconfemetal.es
www.fundacionconfemetal.com

ISBN: 978-84-10315-42-6
Depósito legal: M-25627-2025

Si quiere información acerca de nuestras publicaciones, visítenos en:

www.fundacionconfemetal.com

o escríbanos a:

editorial@fundacionconfemetal.es

Síganos en:

 Fundación Confemetal

 @FCONFEMETAL

 Fundación Confemetal

ÍNDICE

A Toñi, Lucía y Sergio, por ser la razón para que todo tenga sentido cada mañana.

A Asunción, María Luisa y Rocío, por ayudarme a ser quien soy.

Sobre el autor

Pedro Pablo Uceda Carrillo es técnico de la Gerencia Provincial en Jaén de Andalucía TRADE (antes Agencia IDEA), la Agencia de Desarrollo Regional de la Junta de Andalucía. Inició su trayectoria en 1999, cuando la entidad aún se denominaba Instituto de Fomento de Andalucía. En 2002, con la firma del Convenio de Colaboración con la Oficina Española de Patentes y Marcas (OEPM), comenzó a prestar servicios como Centro Regional para trámites de propiedad industrial. Desde entonces ha atendido de forma continuada consultas sobre registros y procedimientos de propiedad industrial.

En 2014 se incorporó a la red de EU IP Helpdesk Ambassadors —iniciativa de la Comisión Europea integrada en la Enterprise Europe Network (EEN)—, que promueve el uso estratégico de la propiedad intelectual e industrial entre pymes, emprendedores e instituciones mediante formación, asesoramiento básico y recursos adaptados.

Desde 2022 ejerce como *Chair* del Grupo Temático de Propiedad Intelectual e Industrial de la EEN, coordinando actividades formativas, mesas temáticas en conferencias nacionales y europeas y la colaboración entre miembros de la red. Mantiene relación constante con organismos como la Oficina de Propiedad Intelectual de la Unión Europea (EUIPO) y la Oficina Europea de Patentes (EPO).

Con más de veintidós años de experiencia, su trabajo ha evolucionado desde la tramitación administrativa hasta el diseño de estrategias de protección —frecuentemente con alcance internacional— para empresas innovadoras. Su enfoque se centra en acercar los fundamentos de la propiedad industrial de forma comprensible, útil y operativa.

Contacto en redes:

LinkedIn: Pedro Pablo Uceda Carrillo

Instagram: @ppucedac

X: @ppucedac

Propósito y enfoque de esta guía

Muchos autores finalizan sus libros con un agradecimiento al lector que ha llegado hasta la página final. Yo quiero hacerlo al revés y comienzo con un enorme «gracias» a ti, lector, por tu interés y tu atención. La lectura de esta guía ya tiene su mérito, no solo por la amplísima oferta editorial que llena las estanterías de librerías y plataformas digitales, sino también porque estoy seguro de que la propiedad industrial no figura entre los diez temas más demandados, quizá ni siquiera entre los cien.

Cuando me pidieron asumir el servicio de propiedad industrial en Jaén no tenía claro dónde me metía. Aquella decisión abrió un camino apasionante y me permitió descubrir oportunidades profesionales —entre ellas, escribir esta guía— que no había imaginado. Desde entonces he aprendido dos cosas esenciales:

1

La propiedad industrial es clave dentro de la cadena de valor de una empresa (y si no se gestiona bien casi seguro que habrá problemas).

2

No hace falta convertirla en un laberinto opaco: entender bien las herramientas básicas permite decidir mejor, gastar mejor y proteger mejor.

Esta guía no pretende descubrir nada nuevo para quien ya domina la materia. Su propósito es recopilar, ordenar y sintetizar lo esencial: qué títulos existen (marcas, patentes, diseños, etc.), para qué sirven, cuándo conviene usarlos y qué costes y resultados cabe esperar. Mi compromiso es evitar tecnicismos innecesarios y explicar lo imprescindible con ejemplos y criterios prácticos.

Por supuesto, contar con profesionales especializados es imprescindible —nadie debería gestionar íntegramente, y menos litigar, un título sin apoyo experto—. Pero disponer de una visión global y de conocimientos mínimos te permitirá tomar mejores decisiones, pedir mejor ayuda y planificar con sentido.

Si tu interés nace por un problema concreto, por el miedo a que te copien o por simple curiosidad, piensa en esta guía como una «piedra Rosetta»: conocer bien las herramientas disponibles y cuándo utilizar cada una. Si consigo hacerte el camino más sencillo y ameno, el objetivo estará cumplido. Y, si en algún momento necesitas aclarar dudas, estaré encantado de ayudarte.

Gracias de nuevo por estar aquí. Buen viaje.

CAPÍTULO 1.
¿POR QUÉ PROTEGER LA INNOVACIÓN?

1.1. DEFINICIONES Y FALSAS CREENCIAS EN TORNO A LA PROPIEDAD INDUSTRIAL

Para empezar con una definición clara, y según la Oficina Española de Patentes y Marcas (OEPM), la propiedad industrial es el derecho exclusivo que ostenta una persona física o jurídica sobre una invención, un signo distintivo o un diseño industrial. Esta tipología constituye los tres pilares fundamentales de protección:

- **Marcas y nombres comerciales**. Protegen los signos distintivos que identifican productos o servicios en el mercado. Además de las marcas tradicionales, la normativa actual permite registrar nuevas tipologías como las marcas tridimensionales, de posición, de patrón, de color, sonoras, de movimiento, multimedia y de holograma.
- **Diseños industriales**. Salvaguardan la apariencia externa u ornamentación, tanto de la totalidad de los productos como de una parte de los mismos, ya sea bidimensional o tridimensional.
- **Patentes y modelos de utilidad**. Protegen invenciones tecnológicas referidas a procedimientos, aparatos o productos nuevos con actividad inventiva y aplicación industrial, así como sus mejoras o perfeccionamientos.

Existen, además, vías específicas de protección, como las topografías de semiconductores o las variedades vegetales, que se mencionan aquí y se desarrollan más adelante.

También existen otras figuras de protección como las Indicaciones Geográficas (IG) y las Denominaciones de Origen Protegidas (DOP), que no se conceden a un solicitante individual, sino a un colectivo de productores o entidades que elaboran productos con cualidades, reputación o características vinculadas a un origen geográfico concreto. Estas figuras garantizan la autenticidad del producto y su relación con un territorio determinado, protegiendo así tanto el valor cultural como económico de su denominación.

Ideas erróneas más frecuentes

Las concepciones erróneas sobre la propiedad industrial son muy frecuentes. Oímos expresiones que, aunque comunes, chirrían a cualquiera con un mínimo de conocimiento en la materia. Son auténticas patadas al lenguaje —sin necesidad de adentrarnos en tecnicismos— que conviene desterrar.

Confundir «patentar» y «registrar»

Una *marca*, según la RAE, es una «señal que diferencia y ayuda a distinguir a una persona, animal o cosa». Cuando se aplica a un producto o servicio y se registra oficialmente, se convierte en *marca registrada*. Por tanto, no es correcto usar el término patentar: un nombre, un logotipo o una melodía pueden registrarse como marca, pero nunca patentarse. En cambio, solo los inventos pueden patentarse si cumplen los requisitos de novedad, actividad inventiva y aplicación industrial. Mezclar ambos conceptos genera un potaje terminológico poco saludable.

La inexistente «patente mundial»

Suele proclamarse que alguien posee una *patente mundial*. Esa figura no existe. Toda patente tiene un ámbito geográfico limitado. Lo que sí existe es el Tratado de Cooperación en materia de Patentes (PCT), un procedimiento internacional unificado que permite presentar una patente en una única solicitud y, más adelante, elegir los países en los que se desea protección. El resultado final serán siempre patentes nacionales o regionales, válidas solo en los territorios seleccionados siempre y cuando se cumpla con los requisitos legales de las regulaciones nacionales o supranacionales y se paguen las tasas correspondientes (como ocurre, por ejemplo, con la patente unitaria).

«Con mi patente nadie me puede copiar» o
«Al patentar, nadie me impedirá vender»

Son frases tranquilizadoras, pero alejadas de la realidad jurídica. Disponer de un título de propiedad industrial otorga derechos —y obligaciones—, pero no garantiza por sí mismo la ausencia de conflictos ni la libertad de comercialización. Tan solo garantiza tener la herramienta más efectiva para la defensa de derechos frente a terceros que usen, fabriquen o comercialicen los activos intangibles protegidos sin el consentimiento del titular.

Sobre estas y otras ideas imprecisas intentaremos arrojar luz en los próximos capítulos. Ojalá el interés y la paciencia del lector lo conduzcan hasta las últimas páginas con una comprensión lo bastante sólida para evitar estos errores tan habituales.

1.2. PROPIEDAD INDUSTRIAL Y PROPIEDAD INTELECTUAL: JUNTAS SUMAN, PERO NUNCA REVUELTAS

Existe una tendencia bastante extendida a confundir los derechos amparados por la propiedad industrial —marcas, diseños, patentes, modelos de utilidad... sobre los que trataremos en este libro— con los derechos que nacen de la propiedad intelectual, es decir, los derechos de autor.

En este segundo ámbito hablamos siempre de creaciones originales de la literatura, el arte o la ciencia, como pueden ser libros, composiciones musicales, obras audiovisuales, esculturas, pinturas, cómics, fotografías o programas de ordenador. También se incluyen las obras derivadas, como traducciones, revisiones, compendios, resúmenes, arreglos musicales o incluso reelaboraciones de información, por ejemplo, bases de datos, colecciones o antologías.

Para que una obra disfrute de protección por derechos de autor debe cumplir dos requisitos esenciales:

- **Originalidad**: ha de ser fruto de la creatividad de su autor.
- **Fijación en un medio tangible**: papel, soporte digital, grabación de audio o vídeo, etc.

Errores comunes

En la práctica surgen dudas casi a diario. Entre las preguntas que recibo con más frecuencia destacan las siguientes:

¿Qué diferencias existen entre la propiedad industrial y los derechos de autor?

Las divergencias son claras y numerosas. Es el caso de los derechos de autor, la ley no exige ningún registro público para que nazcan los derechos; basta con demostrar la autoría de la obra. Los derechos nacen con la creación de la obra y son propios del autor. Duran la vida del autor y 70 años después de su muerte. En cambio, en propiedad industrial el registro es imprescindible, sin él no existe protección. Ahora bien, aunque no sea obligatorio registrar una obra intelectual, resulta muy recomendable, porque facilita la prueba en caso de disputa.

Además, el Registro General de la Propiedad Intelectual en España se articula en registros territoriales gestionados por las comunidades autónomas, y un Registro Central dependiente del Ministerio de Cultura. Cualquiera de ellos es válido para inscribir una obra, y el trámite puede realizarse de forma presencial o por internet, de manera sencilla y económica. Las tasas de tramitación, a la fecha de edición de esta guía, son inferiores a 15 euros.

Existen también soluciones privadas, como Safe Creative, una plataforma que ofrece un registro en línea con sello de tiempo, además de gestión de licencias y verificación de derechos, con planes gratuitos y de pago, aunque estas soluciones solo evidencian el momento de la creación, pero no de la autoría.

Otra diferencia significativa entre la propiedad industrial y la intelectual es la duración de los derechos.

En **España** y en toda la **Unión Europea**, el plazo general de protección de los derechos de explotación es la vida del autor más setenta años desde su fallecimiento. Existen plazos distintos para los derechos morales, ciertas prestaciones complementarias y las obras de autores fallecidos antes de 1987.

En **Estados Unidos**, la protección depende de la fecha de primera publicación de la obra. Por ejemplo, las obras creadas antes del 1 de enero de 1978, así como las anónimas o seudónimas, disfrutan de 95 años de protección contados desde su publicación. Un ejemplo ilustrativo es *1984*, de George Orwell, que en el Reino Unido y la UE entró en dominio público en 2021 (setenta años tras la muerte del autor), mientras que en EE. UU. no lo hará hasta 2044 (noventa y cinco años después de su publicación).

En conclusión, incluso después del fallecimiento de muchos creadores, los derechos económicos sobre sus obras siguen teniendo un gran valor y suelen originar litigios y disputas, dado el importante volumen de ingresos que generan.

Cuando expira el plazo de protección, la obra pasa al dominio público y puede utilizarse libre y gratuitamente por cualquiera, aunque deben respetarse otros derechos derivados, como las traducciones en literatura o las interpretaciones y arreglos en música. No es raro que, cada enero, los medios publiquen listas de libros, películas o canciones que han dejado de estar protegidos.

Un caso muy mediático ha sido el de Mickey y Minnie Mouse. En 2024, las primeras imágenes de ambos personajes en el cortometraje *Steamboat Willie* (1928) pasaron a dominio público tras cumplirse los 95 años de protección previstos en EE. UU. Ahora bien, esto se limita al contenido exacto de aquella película; las versiones posteriores de Mickey siguen sujetas a derechos de autor. Además, «Mickey Mouse» es una marca registrada internacionalmente —renovada de forma periódica cada diez años—, de modo que utilizar al simpático ratón sin licencia puede deparar una carta de los servicios jurídicos de la compañía.

Otro punto clave es el alcance internacional de la propiedad intelectual. Cuando registro una obra en un país, surgen unos derechos que puedo hacer valer en los más de 180 Estados que han firmado el Convenio de Berna; nada que ver con la propiedad industrial, donde la protección siempre se circunscribe a los territorios solicitados. Si registro una marca solo en España ante la OEPM, careceré de derechos sobre ella en Francia o México, de modo que cada empresa debe alinear su estrategia registral con su expansión comercial.

En cambio, si compongo una canción en Madrid, me da igual que Shakira me la copie en Barcelona, Miami o Bogotá: en cualquier caso, podré defender mis derechos en cualquiera de esos lugares, aunque ello suponga pleitos judiciales y dolores de cabeza.

¿Puede una idea protegerse como propiedad intelectual?

No. La idea, por sí sola, no se protege; lo que se tutela es la expresión concreta de esa idea. Nadie tiene la exclusividad de narrar la vida de una comunidad de vecinos algo estrambótica; cualquiera puede desarrollar esa premisa de forma original. Lo que no está permitido es copiar obras concretas: por ejemplo, los tebeos *13, Rue del Percebe*, de Francisco Ibáñez, la película *La comunidad*, de Álex de la Iglesia, o los episodios de *La que se avecina* (que, por cierto, cuando esta cambió de cadena, hubo que modificar el título porque *Aquí no hay quien viva* era marca registrada por Antena 3).

¿Se pueden proteger los juegos de mesa mediante derechos de autor?

No la idea del juego, sino los materiales concretos con los que se juega. Tenemos *Trivial Pursuit* como ejemplo: el nombre está registrado como marca; el tablero y las fichas en forma de «quesito» se amparan como diseños industriales; las preguntas y respuestas pueden protegerse por propiedad intelectual, pues conforman una base de datos elaborada con información original; y el folleto de instrucciones queda protegido como un texto (propiedad intelectual).

Por esa misma razón, muchos jugamos en los años 80 a *El Palé*, un juego muy parecido a *Monopoly*: compartía elementos similares, pero no era *Monopoly* y costaba bastante menos. Este caso ilustra los vericuetos y matices que existen entre los distintos derechos de protección.

¿Quién puede ser titular de los derechos de autor?

El autor de la obra siempre es una persona física, es decir, su creador. Una empresa u organización no puede ser considerada autora. En consecuencia, si una empresa contrata a un profesional —por ejemplo, un diseñador o programador—, la titularidad de la obra corresponde al propio creador, no a la empresa.

El Registro de la Propiedad Intelectual solo puede ser solicitado por personas físicas, aunque los derechos de explotación sí pueden cederse a una empresa u otra persona jurídica. Para ello es fundamental que dicha cesión quede reflejada de forma expresa en el contrato de prestación de servicios firmado con el profesional.

Finalmente, y teniendo en cuenta el enfoque empresarial de esta guía, conviene recordar que la cobertura de los derechos de autor puede resultar limitada y no siempre se adapta a la actividad económica habitual de una empresa. En general, los títulos de la propiedad **industrial** se ajustan mejor a las necesidades empresariales, son más fáciles de defender y suelen ofrecer un mayor retorno económico.

Eso no significa que la propiedad intelectual sea irrelevante. Es práctica habitual incluir en todo material original de la empresa un aviso de *copyright* —símbolo ©, año de creación y la leyenda «Todos los derechos reservados»— para advertir a terceros de la existencia de estos derechos y reducir la probabilidad de infracción.

1.3. ERRORES DE TRADUCCIÓN EN PROPIEDAD INDUSTRIAL E INTELECTUAL

Cuando hablamos de propiedad industrial y propiedad intelectual, nos encontramos con dos conceptos que, con frecuencia, se confunden. Esta confusión se debe, en gran medida, al significado distinto que tiene en inglés el término *intellectual property* y a los errores que se cometen al traducirlo de forma directa y poco rigurosa.

Durante mucho tiempo, el *Diccionario de la lengua española* (RAE) solo incluía las definiciones de propiedad intelectual y propiedad industrial dentro de la entrada correspondiente a «registro» y no como términos independientes. Afortunadamente, en las ediciones más recientes, ambas expresiones aparecen ya recogidas y definidas por separado, lo que contribuye a una mayor claridad conceptual.

propiedad industrial

1. f. Derecho de explotación exclusiva sobre los nombres comerciales, las marcas y las patentes, que la ley reconoce durante cierto plazo.

propiedad intelectual

1. f. Derecho de explotación exclusiva sobre las obras literarias o artísticas, que la ley reconoce a su autor durante un cierto plazo.

Su tratamiento y protección son claramente diferentes y no deberían mezclarse, como debería haber quedado claro tras la lectura del capítulo anterior.

Hasta aquí, la distinción parece clara. Sin embargo, los problemas surgen cuando entra en juego el anglicismo *intellectual property*, que, tal y como indica la página web de la Organización Mundial de la Propiedad Intelectual (OMPI), se refiere a «cualquier creación de la mente» e integra tanto la propiedad industrial como la propiedad intelectual en sentido español. Esta disparidad conceptual y terminológica es, en gran medida, la responsable de muchas confusiones al traducir o aplicar conceptos jurídicos entre distintas jurisdicciones.

What is Intellectual Property?

Intellectual property (IP) refers to creations of the mind, such as inventions; literary and artistic works; designs; and symbols, names and images used in commerce.

IP is protected in law by, for example, patents, copyright and trademarks, which enable people to earn recognition or financial benefit from what they invent or create. By striking the right balance between the interests of innovators and the wider public interest, the IP system aims to foster an environment in which creativity and innovation can flourish.

No resulta correcto, por tanto —aunque sea una práctica muy extendida—, traducir automáticamente *Intellectual Property* como *Propiedad Intelectual*, pues el término anglosajón es más amplio: equivale, en castellano, a la suma de Propiedad Industrial y Derechos de Autor. Esta traducción literal puede inducir a errores conceptuales, sobre todo en contextos jurídicos o institucionales, donde una comprensión precisa de los términos resulta fundamental.

En español no existe un término que abarque, de forma natural y precisa, tanto la propiedad industrial como los derechos de autor, y tampoco hay un consenso general sobre cómo resolver esta cuestión terminológica. De hecho, ni siquiera la propia Organización Mundial de la Propiedad Intelectual (OMPI) ha logrado ofrecer una solución clara y, en su denominación oficial en español, mantiene la traducción directa de *Intellectual Property*, a pesar de que, en inglés, dicho concepto abarca ambas áreas: propiedad industrial y propiedad intelectual (entendida esta última como derechos de autor).

Incluso en la información que ofrece en su web, la OMPI emplea la sigla PI para referirse, de forma conjunta, a la propiedad industrial y a la propiedad intelectual. Esta abreviatura se utiliza con frecuencia en diversos ámbitos técnicos y profesionales como fórmula práctica para englobar ambas áreas bajo un mismo concepto. Algo parecido pasa con la EUIPO: aunque su denominación menciona la propiedad intelectual, en realidad solo es competente en materia de marcas y diseños industriales de la Unión Europea, y más recientemente en Identificaciones Geográficas para productos artesanales e industriales.

Conviene dejar claro que, en realidad, nos hallamos ante un problema estrictamente lingüístico. Con todo, es fundamental cuidar el uso preciso de las palabras y tener siempre presente qué se pretende comunicar exactamente, a fin de evitar malentendidos. En este terreno, conviene desconfiar de las traducciones bienintencionadas, pero imprecisas, que, por costumbre o comodidad, pueden inducir a una interpretación errónea de conceptos jurídicos y técnicos distintos por naturaleza.

1.4. IMPORTANCIA DE LOS ACTIVOS INTANGIBLES EN EL MUNDO EMPRESARIAL

No pretende esta guía convencer al lector de la importancia de los activos intangibles en la cadena de valor de una empresa; esa importancia —como la valentía a los soldados— ya se le supone. No obstante, dediquemos unas breves líneas —y algunos ejemplos— a este asunto.

Es evidente que, si bien las instalaciones, el mobiliario o los vehículos de transporte resultan imprescindibles para el funcionamiento de cualquier empresa, cada vez cobran mayor importancia elementos como el capital humano, el *know-how*, las bases de datos comerciales o los derechos de propiedad industrial. Aunque sea difícil valorarlos económicamente y no queden suficientemente reflejados en los balances contables, estos activos inmateriales constituyen hoy la base de la viabilidad empresarial a medio y largo plazo: de ellos dependen, en gran medida, la capacidad de innovación y la diferenciación competitiva de una compañía.

Puede servir como ejemplo un reciente estudio analizado por el *Financial Times* bajo el título «La economía de los intangibles: las nuevas reglas del juego de la economía internacional», que destaca el profundo cambio que atraviesa la economía global impulsado por la transformación tecnológica. Los activos intangibles —como el software, los datos, la propiedad industrial e intelectual, las marcas, el talento o el *know-how*— se han convertido en el principal motor del valor empresarial: hoy representan cerca del 90% de los activos de las compañías del índice S&P500. Desde finales de los años noventa, Estados Unidos invierte más en intangibles que en activos físicos, y en 2024 alcanzó los 4,7 billones de dólares, casi el doble de la inversión conjunta de Francia, Alemania, Reino Unido y Japón. Estos activos, además, se caracterizan por su alta escalabilidad y por generar efectos de red y sinergias que consolidan el liderazgo de las empresas más innovadoras, redefiniendo así la competencia económica a nivel mundial.

Dentro de este grupo, los derechos de propiedad industrial son una pieza clave, y su correcta gestión resulta crucial. Veamos algunos ejemplos.

¿Recuerdan ustedes a *Victorio & Lucchino*? Aquella popular pareja de modistos sevillanos que durante años ocupó pasarelas, platós de televisión y páginas de prensa. Más allá de que muchos nunca supimos con certeza quién era Victorio y quién Lucchino, lo cierto es que su trayectoria empresarial tuvo un abrupto final en 2018, cuando el Juzgado de lo Mercantil n.º 1 de Sevilla los inhabilitó durante dos años como administradores por su implicación en el concurso de acreedores de sus sociedades. La condena obedeció más a su dejadez en la gestión que a su conducta dolosa.

Nacidos al amparo de la sevillana calle Sierpes, llegaron a instalar su taller en la casa natal de Velázquez y obtuvieron gran reconocimiento, tanto en la entonces Pasarela Cibeles como en la Semana de la Moda de Nueva York. Incluso participaron en el vestuario de la película *El guardaespaldas*, protagonizada por Whitney Houston. Sin embargo, la crisis económica y la falta de solidez financiera truncaron aquella exitosa trayectoria. Aun así, quizá hayan advertido que siguen comercializándose perfumes, gafas o joyas con su nombre. No son ellos quienes están detrás del negocio actual: son las licencias las que han mantenido viva la marca.

Hoy existen 68 marcas activas a escala internacional que utilizan el nombre *Victorio & Lucchino*, aunque la mayoría ya no les pertenece. Por ejemplo, la empresa Antonio Puig S. A. comercializa sus perfumes bajo esta marca en Brasil, México, Japón, Estados Unidos o Corea. Paralelamente, Alfred y Gela, S. L. distribuye gafas y complementos de joyería, también a escala internacional, con el mismo nombre.

No es un caso aislado: la vida de una marca puede prolongarse mucho más allá de la trayectoria de la empresa que la originó. Cuando la famosa cadena de juguetes *Toys "R" Us* anunció su liquidación en EE. UU., muchos compradores se interesaron por su imagen corporativa: la marca, la icónica jirafa y la reconocida sintonía publicitaria. En 2021, WHP Global adquirió la marca a Tru Kids Inc., que había comprado los derechos tras el cierre de la compañía en 2018. Aunque la pandemia frustró el intento inicial de abrir nuevas tiendas, hoy la marca vive un proceso de expansión internacional, incluso recurriendo inteligencia artificial en su publicidad.

Otro ejemplo, esta vez en España, es el de la cooperativa vasca *Fagor*, histórico fabricante de electrodomésticos que entró en crisis en 2013. Los derechos de uso de su marca han sido casi lo único que perduró de una empresa que llegó a tener 5.600 trabajadores en plantas repartidas por todo el mundo. Más que su maquinaria o instalaciones, lo que interesaba a los inversores era el nombre. Desde 2020, bajo la denominación *Fagor Electrodomésticos* (con la *s* final), la empresa polaca *Amica* comercializa una línea de productos en España, aprovechándose del prestigio de la antigua cooperativa. Además, compañías como *EuroMénage* y *Rhoiniter* utilizan el logotipo de *Fagor* en pequeños electrodomésticos y utensilios de cocina.

Durante años utilicé una hipérbole en mis charlas: «*Coca-Cola* tendría más problemas si perdiera su marca que si un incendio destruyera su sede central en Atlanta». Dejé de repetirla tras el incendio que, en 2014, arrasó las instalaciones de *Campofrío* en Burgos... Pero el tiempo ha acabado dándome la razón. Aunque ninguna de estas desgracias sea deseable, algunas marcas son como el Cid Campeador: siguen ganando batallas incluso después de muertas.

Asumida la importancia de estos activos, la cuestión es: ¿Cómo protegerlos de forma eficaz? La respuesta dependerá del valor que generen y de los recursos disponibles. No tiene sentido meter en una caja fuerte un objeto sin valor —aunque le tengamos cariño—, pero tampoco es razonable dejar abierta la puerta de casa salvo que vivamos en un pueblo de los que ya casi solo existen en el imaginario colectivo.

Con la propiedad industrial ocurre lo mismo: solo debemos proteger aquello que sea —o pueda llegar a ser— una fuente de beneficios para la empresa. Lo que toca ahora es decidir dónde y cómo protegerlo. De eso hablaremos, con detalle, en los capítulos siguientes.

1.5. ¿REALMENTE MERECE LA PENA PROTEGER?

Me han planteado esta pregunta infinidad de veces. No estoy seguro de haber convencido siempre a todo el mundo, ni siquiera estoy convencido al cien por cien, pero más allá del socorrido «depende», con el tiempo he perfilado una respuesta que, a fuerza de repetirla, se ha vuelto sólida.

Muchas personas se acercan a la propiedad industrial con la idea de evitar que les copien, incluso antes de comprobar si su producto merece la pena o tendrá éxito en el mercado. Por desgracia, impedir la copia es difícil, basta con dar una vuelta por cualquier mercadillo para verlo, pero disuadir a los que pretender copiar sí es plausible. Registrar un título de propiedad industrial no garantiza que nadie te plagie, pero sí te proporciona las herramientas más efectivas para defenderte. Otra cuestión es que, llegado el caso, tengas que ejercer esos derechos e incluso acudir a los tribunales.

Aquí surge la queja más habitual: «No basta con registrar; además hay que estar pendiente». Pues claro: hay que realizar una vigilancia efectiva de los títulos una vez concedidos y gestionar las renovaciones en tiempo y forma. No confíes en que un aviso oficial te alertará de que alguien intenta registrar una marca parecida a la tuya: hay que consultar el Boletín Oficial de la Propiedad Industrial (BOPI) o el registro de marcas en la Unión Europea de la EUIPO al menos una vez al mes. Según el volumen de derechos que maneje la empresa —y el tiempo disponible— quizá convenga contratar a un profesional especializado dedicado a la vigilancia de los derechos, tanto para estudiar el comportamiento de la competencia y del propio mercado, como para mantener en vigor aquellos derechos que sigan siendo estratégicos para la empresa. Si se detecta un posible infractor, la vía administrativa no resuelve el conflicto; el camino empieza con un burofax o una carta certificada con acuse de recibo y, si no hay rectificación, acaba en el juzgado o en una vía de mediación y/o arbitraje. Muchas veces un mal acuerdo es la mejor de las soluciones.

Desde luego, que te copien es señal de éxito: significa que eres referencia en el mercado y que tu proyecto ha obtenido reconocimiento, pero para mantener esa reputación, se deben defender los derechos conferidos porque si no se pierde la fuerza de establecer en el mercado ese monopolio en exclusiva que confieren. Además de los derechos que concede, la propiedad industrial es una herramienta competitiva y un elemento de diferenciación. Cuando indicas que tu marca está registrada, o que un producto está protegido por un diseño industrial, una patente o un modelo de utilidad, transmites este mensaje: «No copio, invierto en innovación y genero un valor añadido propio». Aspiras a ser Adidas, Nike o Reebok, no un vendedor ambulante que invita a rebuscar en el fondo del cajón a precio de saldo, transmites fiabilidad a los clientes y atraes a posibles inversores.

Pero, por complicado que resulte defenderse incluso con títulos registrados, no registrar jamás será la mejor opción, porque los derechos nacen con el registro. En el caso de los signos distintivos el ejemplo es claro: aunque una empresa lleve usando durante muchos años una marca en el mercado, la cual no esté registrada, si un tercero la registra a su nombre podrá impedir a esa primera empresa su uso, salvo que esta pruebe que es una marca notoria. Es cierto que existe la vía de las marcas notorias no registradas, pero los requisitos para acogerse a ella son tan exigentes —ser ampliamente conocida por el público pertinente, contar con un uso constante, estar reconocida en una zona geográfica determinada, disponer de una inversión publicitaria acreditable y gozar de prestigio demostrable— que confiar en este atajo resulta temerario.

Quizá lo diga porque he visto de primera mano los problemas que acarrea no registrar. Del mismo modo que no tomaría como ejemplo a quién conduce sin carné —puede hacerlo si no lo descubren y no sufre un accidente—, tampoco pondría como ejemplo a quien prescinde de registrar su marca. No sé cómo ciertos empresarios pueden dormir tranquilos sin ese respaldo jurídico: «¿Para qué? —declaran—, no es obligatorio y nunca me ha pasado nada». Hasta que pasa.

CAPÍTULO 2.
OTRAS FORMAS DE PROTECCIÓN FUERA DE LA PROPIEDAD INDUSTRIAL

Antes de adentrarnos en los títulos de propiedad industrial, conviene recordar que existen vías alternativas para salvaguardar la innovación y que deben valorarse al definir la estrategia de la empresa.

2.1. SECRETO EMPRESARIAL

El concepto se explica solo: constituye toda información confidencial que, precisamente por mantenerse en secreto gracias al esfuerzo de su titular, otorga a este una ventaja competitiva. Este tipo de información está protegida legalmente por la Ley 1/2019, de 20 de febrero, de Secretos Empresariales, que establece medidas para impedir a su apropiación indebida y proteger los derechos del titular. Esta información puede referirse a:

- Fórmulas, métodos de producción o procedimientos técnicos: se hablaría de secreto industrial.
- Cuestiones de organización interna o relación con clientes y proveedores: se trataría de secreto comercial.

En ambos casos suelen ser resultados derivados de la experiencia o de una utilidad práctica clara.

Ventajas frente a la patente

- Duración ilimitada. El secreto empresarial permanece protegido mientras no se divulgue.
- Ausencia de formalidades. No es preciso registrarlo ni pagar tasas, pero sí implantar medidas eficientes de secreto en el seno de la empresa para salvaguardar la información confidencial estratégica con valor económico para la empresa.

Por el contrario, una patente se publica íntegramente y, transcurrido su plazo de vigencia, cae en dominio público. Piénsese en la fórmula de Coca-Cola: si el doctor John Pemberton la hubiese patentado antes de su lanzamiento en 1886, desde 1906 cualquiera podría fabricarlo bajo otra marca, igual que ocurre hoy con los fármacos genéricos.

Los secretos empresariales tampoco conllevan costes de registro, más allá de los generados por mantener la información en estricta confidencialidad mediante acuerdos con trabajadores, proveedores o clientes. Tanto estos acuerdos como el material confidencial han de constar por escrito para dotarlos de la máxima fuerza probatoria.

La información estratégica que forma parte del secreto empresarial, si es replicado por la competencia de manera fortuita, la empresa que la pudo generar antes no contará con ninguna herramienta de defensa salvo que pruebe que ha sido adquirida por la competencia mediante malas prácticas como puede ser el espionaje industrial; en este caso, la carga de la prueba recaería en el demandante.

Toda precaución es poca —física o tecnológica—: cifrado de datos, políticas de usuario, sistemas de control del intercambio de información, planes de continuidad... Aunque el secreto industrial carece de tasas formales, exige un esfuerzo organizativo considerable para hacerlo efectivo y, sobre todo, sostenible en el tiempo.

¿Qué conviene mantener como secreto industrial?

Todo elemento no fácilmente identificable o reproducible mediante ingeniería inversa por quien accede al producto o servicio. Un ejemplo habitual: «¿Se puede patentar una receta de cocina?». Es cierto que en este caso una opción podría ser registrarla mediante un modelo de utilidad, ya que la ley de patentes contempla esta opción si la función biológica de los alimentos usados no afecta a la invención, pero habría que describir por completo la receta y pueden darse demasiadas pistas a la competencia.

Si algo puede mantenerse en secreto, suele ser mejor dejarlo así: no veréis muchas patentes de perfumes, vinos u otros productos cuyo proceso de elaboración es en parte artesanal y deliberadamente oculto.

2.2. SER EL PRIMERO EN EL MERCADO

Este mecanismo de protección es fácil de enunciar, pero difícil de ejecutar. Consiste en aplicar la máxima «quien da primero da dos veces»: una empresa puede aventajar a sus competidores si es la primera en crear una nueva categoría de productos o en ofrecer un servicio inédito. No puedes impedir que entren más asistentes a un concierto, pero, si ocupas las primeras filas antes que nadie, esa ventaja puede resultar decisiva.

Me gusta ilustrar esta idea con el caso de *Telepizza*. A finales del siglo pasado, cuando cursaba Administración y Dirección de Empresas y a nadie se le había ocurrido repartir pizzas en moto, este ejemplo se repetía una y otra vez en clase. *Telepizza* nació como un pequeño negocio familiar impulsado por Leopoldo Fernández Pujals, empresario de origen cubano criado en Estados Unidos. Su modelo se basaba en tres pilares:

- Rigurosa selección de materias primas.
- Procedimientos estandarizados.
- Servicio de reparto a domicilio con tiempos muy ajustados, respaldado por una campaña de marketing agresiva.

Repartir pizzas en moto no es patentable; los modelos de negocio, en general, no gozan de protección y quedan sujetos a la libre competencia. Podría registrarse alguna solución técnica concreta relacionada con el reparto —si reuniera los requisitos exigidos—, pero a *Telepizza* no le interesaban las patentes. Por mucho que se repita el eslogan de que *el secreto está en la masa*, no existe ninguna patente al respecto. La protección real de *Telepizza* radicaba en ser el primero y en consolidar su imagen de marca antes de que otros pudieran imitar su idea.

Lo que hicieron fue registrar su marca, apostar fuerte por la publicidad y emprender una expansión territorial vertiginosa que culminó con su salida a bolsa en 1996. Para que te hagas una idea, en Jaén, donde me crie y donde las televisiones privadas tardaron una eternidad en llegar—, en un abrir y cerrar de ojos aparecieron dos establecimientos de *Telepizza*. Más tarde desembarcaron otras cadenas y las pizzerías locales empezaron a ofrecer el mismo servicio, pero ya era demasiado tarde: *Telepizza* se les había adelantado.

Ser pionero brinda unas ventajas: permite marcar en cierta medida las reglas de acceso al mercado, pues se dispone de más información que los competidores entrantes; además, quien llega después ha de luchar contra el posicionamiento firme que la marca pionera ya ocupa en la mente del consumidor tras haber creado —y liderado— un nuevo nicho.

CAPÍTULO 3.
¿QUÉ ES UNA MARCA REGISTRADA?

La Ley 17/2001, de 7 de diciembre, de Marcas (artículo 4), podrán constituir marca «todos los signos, especialmente las palabras —incluidos los nombres de personas—, los dibujos, las letras, las cifras, los colores, la forma del producto o de su embalaje, o los sonidos, siempre que dichos signos sean apropiados para distinguir los productos o servicios de una empresa de los de otras empresas y puedan ser representados en el Registro de Marcas de forma que las autoridades competentes y el público en general determinen con claridad y precisión el objeto de la protección otorgada a su titular».

Ya no es necesario que las marcas se representen de forma exclusivamente gráfica; basta con que puedan reproducirse en el registro de manera que quede claramente establecida la protección pretendida. Esta modificación abre la puerta a nuevas formas de representación, como las marcas sonoras, de movimiento o multimedia, siempre que cumplan con los requisitos de claridad y precisión exigidos por la ley.

Una marca suele componerse de un nombre, un logotipo, un símbolo, un diseño o una combinación de estos elementos, y permite identificar y diferenciar los productos o servicios de una empresa frente a los de sus competidores. Esta identificación no solo cumple una función distintiva, sino que también facilita la elección del consumidor, genera confianza y puede forjar vínculos de lealtad. Mediante un uso y una promoción continuados, las marcas pueden adquirir prestigio, valor simbólico y reconocimiento en el mercado.

La marca constituye un activo intangible estratégico: además de distinguir productos o servicios, refleja valores, experiencias y una calidad percibida. En un entorno competitivo y saturado, donde la oferta crece sin cesar, una marca sólida puede resultar determinante en la decisión de compra.

En España, la duración de la protección de una marca es de diez años a partir de la fecha de presentación de la solicitud. Este derecho puede renovarse indefinidamente por períodos sucesivos de diez años, siempre que se abonen las tasas correspondientes y la marca se mantenga en uso efectivo en el mercado. Con cada renovación se conservan los derechos exclusivos sobre el signo distintivo, lo que impide que terceros lo utilicen de forma idéntica o confundible.

Conviene recordar que, según la Ley de Marcas, una vez registrada, la marca debe ser objeto de un **uso efectivo y real** en el mercado para los productos o servicios para los que fue concedida. Si transcurren **cinco años consecutivos sin uso**, y sin causa justificada, la marca puede ser objeto de una **acción de caducidad** instada por terceros. Ello supone la pérdida de los derechos exclusivos que otorga el registro.

Esta exigencia responde a la idea de que el registro de una marca no puede convertirse en un mero título defensivo o especulativo, sino que debe cumplir su verdadera función: distinguir en el tráfico económico el origen empresarial de los productos o servicios.

Registrar una marca no es un mero trámite formal: constituye la base legal que otorga el derecho exclusivo de usarla y de oponerse a cualquier utilización no autorizada por terceros. Por ello, antes de presentar la solicitud conviene evaluar a fondo su viabilidad, originalidad y adecuación al mercado.

3.1. FUNCIONES DE LA MARCA

Además de identificar en el mercado los productos o servicios de una empresa y diferenciar en la mente del consumidor respecto a las alternativas de la competencia, la marca actúa como garantía de calidad: facilita la decisión de compra al aportar una referencia basada tanto en experiencias previas como en la percepción generada por la comunicación y la promoción.

Ese conocimiento previo permite al cliente formarse expectativas claras, reduciendo la incertidumbre y el esfuerzo asociados a la comparación de opciones. Así, una marca reconocida y bien posicionada no solo transmite confianza y coherencia en la calidad, sino que también se convierte en un atajo mental que acorta el tiempo de decisión, favorece la lealtad y estimula la repetición de compra.

Ahora bien, toda marca que alcanza cierta notoriedad corre el riesgo de morir de éxito por efecto de la *vulgarización*: su nombre se populariza hasta convertirse en término genérico para designar toda una categoría de productos, con lo que pierde su capacidad de diferenciación frente a la competencia.

En estos casos, como sucede con marcas icónicas del calibre de Chupa Chups o Kleenex, el consumidor llega a referirse al producto por el nombre comercial, sin identificar necesariamente a la empresa que lo fabrica. Así, acaba aceptando artículos de otras compañías bajo la misma denominación, lo que debilita el carácter distintivo y la exclusividad de la marca original.

La vulgarización no solo diluye la identidad de marca, sino que también dificulta la creación de una ventaja competitiva, comprometiendo su posicionamiento y, potencialmente, sus ingresos. Por esa razón compañías como Coca-Cola siguen destinando ingentes sumas de dinero a la publicidad: el objetivo no es únicamente permanecer en la mente del consumidor, sino lograr que este siga diferenciando Coca-Cola de cualquier otro refresco de cola y no acepte, por ejemplo, que le sirvan «otra cosa» cuando pide «una Coca-Cola» en un bar.

3.2. EL VALOR DE UNA MARCA COMO ACTIVO INTANGIBLE

El principal activo de muchas empresas es, con frecuencia, su marca, siempre que se haya trabajado con esmero y alcance una reputación sólida. Ese valor intangible puede ascender a cifras astronómicas, lo que convierte a la marca en un recurso estratégico de primer orden.

La clasificación *Interbrand Best Global Brands* —publicada cada año— identifica las enseñas más valiosas del mundo basándose en tres factores:

- Desempeño financiero de los productos y servicios que cobija la marca.
- Influencia sobre la elección del cliente.
- Capacidad para imponer un precio premium o asegurar beneficios sostenidos.

En ediciones más recientes encabezan el listado compañías como Apple, Amazon, Microsoft o Google, gracias a su innovación constante, estrategias de marketing eficaces y a su agilidad para adaptarse al cambio tecnológico. Por su parte, marcas tradicionales como Coca-Cola se mantienen vigentes al diversificar su oferta y apostar por la sostenibilidad.

Algunas marcas, sin embargo, han desaparecido de estos listados. Unas, como Marlboro, lo han hecho por la evolución de los hábitos sociales; otras, como Nokia, porque la revolución tecnológica las dejó atrás. Existen, además, marcas que atraviesan serios problemas de reputación por malas prácticas de gestión, como es el caso de Facebook tras el escándalo de Cambridge Analytica, destapado en 2018 y vinculado al uso masivo, y poco ético, de datos personales.

Todo esto demuestra que el valor de una marca depende no solo su éxito presente, sino también de su capacidad para anticiparse y responder a las demandas futuras del mercado. Gestionar una marca implica tanto construir valor como protegerlo activamente frente a riesgos reputacionales, disrupciones tecnológicas o transformaciones sociales.

3.3. CÓMO ELEGIR UN BUEN NOMBRE DE MARCA

Crear una empresa o lanzar un nuevo producto obliga a escoger un nombre adecuado. El proceso pivota, básicamente, sobre dos ejes:

1

Atractivo y pertinencia

- La denominación debe llamar la atención, ser fácil de recordar y causar impacto en el público objetivo.
- Ha de encajar con la estrategia empresarial y evocar, de forma coherente, el producto o servicio.
- Conviene evitar connotaciones negativas o ambiguas.
- El *naming* se ha convertido en una de las ramas más dinámicas del marketing.

2

Registrabilidad

- El nombre elegido para una marca debe poseer **carácter distintivo**, es decir, ser capaz de diferenciarse de las marcas ya registradas y no generar confusión con ellas. Las menciones meramente descriptivas, como referencias a la calidad del producto o a su origen geográfico, no confieren distintividad por sí solas. Por ello, si se incluyen como único elemento de la marca, es muy probable que den lugar a problemas en el registro o en su defensa jurídica. Resulta imprescindible realizar búsquedas previas para comprobar su disponibilidad y anticipar posibles obstáculos durante la tramitación.

En definitiva, el nombre de marca debe ser fácil de recordar, congruente con la oferta y jurídicamente viable; solo así se convierte en un activo capaz de sostener la estrategia empresarial a largo plazo.

Hay que tener presente que, conforme al artículo 6.1 a) de la Ley 17/2001, de 7 de diciembre, de Marcas, no pueden registrarse aquellos signos idénticos o semejantes a una marca anterior cuando su uso pueda provocar confusión en el consumidor. Por ello resulta imprescindible efectuar una búsqueda previa que reduzca los problemas que puedan surgir a posteriori.

Existen para ello bases de datos específicas donde encontrar los expedientes en vigor y todos los datos públicos disponibles. En España esta búsqueda puede realizarse en la página web de la Oficina Española de Patentes y Marcas (OEPM) mediante el Localizador de Marcas; conviene recordar, no obstante, que esta herramienta solo devuelve coincidencias exactas con la cadena de caracteres introducida y no detecta denominaciones similares. Para un examen más exhaustivo existe una herramienta internacional, el TMView, buscador gratuito de la EUIPO que consulta los registros oficiales de 35 oficinas.

Un trámite aparentemente sencillo puede ocasionar graves problemas si no se realiza adecuadamente. Además de comprobar posibles colisiones marcarias, conviene verificar la disponibilidad del nombre de dominio y de la denominación social en el Registro Mercantil para asegurar una identidad corporativa coherente.

Debemos recordar que, al construir una empresa, el único trámite obligatorio —si se opta por una sociedad con personalidad jurídica propia— es la inscripción en el Registro Mercantil. En la solicitud pueden proponerse tres denominaciones, ordenadas por preferencia; se asignará la primera que esté libre. El Registro Mercantil solo verifica que la denominación solicitada no sea idéntica a otra ya inscrita. Su función es evitar la coincidencia exacta, pero no la posible confusión en el mercado. Este asiento fija la denominación social con la que la empresa actuará en sus gestiones oficiales y la vincula a un NIF. Solo garantiza, por tanto, que no exista otra sociedad con idéntico nombre; no protege la imagen gráfica ni el logotipo, ni tiene en cuenta la actividad que la empresa desarrollará. Además, es habitual que el nombre inscrito no coincida con la marca que la compañía utiliza de cara al público, de modo que limitarse a registrar la denominación social resulta claramente insuficiente.

Aunque no es obligatorio, el registro de la marca resulta imprescindible para proteger de forma adecuada la imagen de la empresa y defenderla frente a usos no autorizados. El registro de una marca otorga un derecho exclusivo y prioritario para distinguir en el mercado los productos o servicios de la empresa, los vincula a una actividad concreta e incluye, cuando proceda, la imagen gráfica.

Los derechos nacen con el registro, no con el uso; por ello, en caso de conflicto prevalece siempre la solicitud presentada en primer lugar, salvo en el supuesto de las marcas renombradas, cuestión que abordaremos aparte.

Con la creciente importancia de la presencia en internet, resulta igualmente necesario registrar un nombre de dominio. El organismo competente depende de la extensión elegida:

- ICANN gestiona los dominios genéricos de primer nivel: .com, .org, .net.
- Red.es, los territoriales: .es.
- EURid, los .eu.

El Sistema de Nombres de Dominio (DNS) traduce la dirección IP de un equipo —una secuencia numérica poco memorable— en una cadena de caracteres mucho más manejable (el dominio), desde la que se administra no solo el tráfico web, sino también el correo electrónico y otros servicios en línea. La combinación de un *nombre + extensión* es única; basta cambiar una letra o un signo para que existan dominios muy similares que puedan inducir a confusión. Además, el dominio no incorpora referencia alguna a la imagen gráfica ni a la actividad de la empresa.

Aunque no sea obligatorio, el registro de la marca y el registro del dominio deberían ir siempre de la mano, pues son hoy los dos trámites más representativos de la identidad corporativa y han de transmitir un mensaje coherente. Conviene recordar que un dominio identifica únicamente una página web: carece de personalidad jurídica plena y puede ser readjudicado mediante un arbitraje o en un procedimiento judicial; su fuerza distintiva, por tanto, es menor que la de la marca. En caso de conflicto —y como medida de protección frente a la ciberocupación (registro de dominios de mala fe)—, los derechos de marca prevalecen sobre el dominio, tal como establece la propia OMPI.

Tipo de nombre	Ejemplo	¿Qué identifica?	¿Dónde se registra?	¿Protege imagen (nombre + logotipo)?	¿Es obligatorio?
Denominación social	El Corte Inglés, S.A.	A la sociedad como persona jurídica	Registro Mercantil (o de Cooperativas)	No	Sí, solo para sociedades
Marca	El Corte Inglés, Supercor, Tuccy.	Productos o servicios concretos	OEPM (España) EUIPO (UE) OMPI/WIPO (internacional)	Sí	No, pero esencial en la práctica
Nombre comercial	Viajes el Corte Ingles, Hipercor	A la empresa como unidad de negocio en el mercado	OEPM	Sí	No
Dominio web	www.elcorteingles.es	Identidad en Internet (sitio web, correo y otros servicios)	ICANN (.com, .org, .net...) Red.es (.es) EURid (.eu) Demás NIC locales	No	No, altamente recomendable

3.4. DIFERENTES TIPOS DE MARCA

La Ley 17/2001 permite que una marca se componga de palabras, nombres, dibujos, letras, cifras, colores, formas del producto o de su presentación, sonidos o cualquier combinación de estos elementos, siempre que sirvan para diferenciar los productos o servicios en el mercado.

Representaciones y nuevas tecnologías

El avance tecnológico de las oficinas competentes ha ampliado considerablemente las posibilidades de representación. La marca puede plasmarse mediante cualquier medio adecuado, siempre que utilice una tecnología de uso general y se represente de manera clara, precisa, autónoma, inteligible, duradera y objetiva. Solo así las autoridades y el público podrán determinar con exactitud el alcance de la protección concedida al titular. En su caso, la representación gráfica puede acompañarse de una descripción que aclare suficientemente su contenido.

Más allá del logotipo: modalidades admitidas

Antiguamente, la reproducción del color resultaba ser un problema; hoy se aceptan archivos digitales que cubren, entre otras, las modalidades de marcas tridimensionales (formas de envases), de posición (emplazamiento característico de un distintivo), marcas de patrón (motivos repetitivos), marcas multimedia (archivos de audio o vídeo que combinan imagen y sonido), marcas holográficas (imágenes con efecto tridimensional cambiante), marcas sonoras (secuencias musicales o jingles publicitarios), marcas táctiles (texturas específicas de un producto). No se pueden registrar marcas olfativas en la OEPM ni en la EUIPO porque, aunque la ley permite proteger signos no convencionales, el requisito fundamental es que la marca pueda representarse de forma clara, precisa y en un medio que pueda ser consultable por el público objetivo. Los olores, por su naturaleza volátil y subjetiva, no pueden describirse ni reproducirse de manera que identifique con certeza el origen empresarial del producto. Es decir, el problema no es jurídico tanto como técnico: todavía no existe un sistema que permita representar un olor de forma inequívoca y duradera.

En resumen, la normativa actual brinda un abanico muy amplio de signos registrables, siempre que cumplan los requisitos de distintividad y representación exigidos por la ley.

A modo de ejemplo práctico, la clásica tableta suiza Toblerone evidencia cómo una misma enseña puede evolucionar de una tridimensional a una marca de posición, o, mejor dicho, combinar ambas cualidades.

1948. Marca tridimensional. La forma serrada de la tableta (una fila de prismas triangulares).

TOBLERONE

Situación de la marca
Registrada

Número de solicitud
321965

Oficina receptora
CH

Número de registro básico
124 006

Fecha de registro básico
05/03/1948

Número de registro
321965

Tipo de DPI
Marca

2019. Marcas de posición. El logotipo TOBLERONE aplicado de forma diagonal sobre cada prisma (sin reivindicar la forma de la tableta, que ya es conocida).

TOBLERONE

Situación de la marca
Registrada

Número de solicitud
1533540

Oficina receptora
CH

Número de registro básico
740388

Fecha de registro básico
29/11/2019

Número de registro
1533540

Tipo de DPI
Marca

1999. Marca de patrón. Burberry Limited. Imagen digital del motivo tartán (cuadro beige con líneas negras, blancas y rojas) + descripción cromática. Se protege el motivo repetitivo aplicado a tejidos, marroquinería y accesorios. El derecho recae en el patrón per se; no protege la prenda ni la forma, sino la disposición y los colores del estampado.

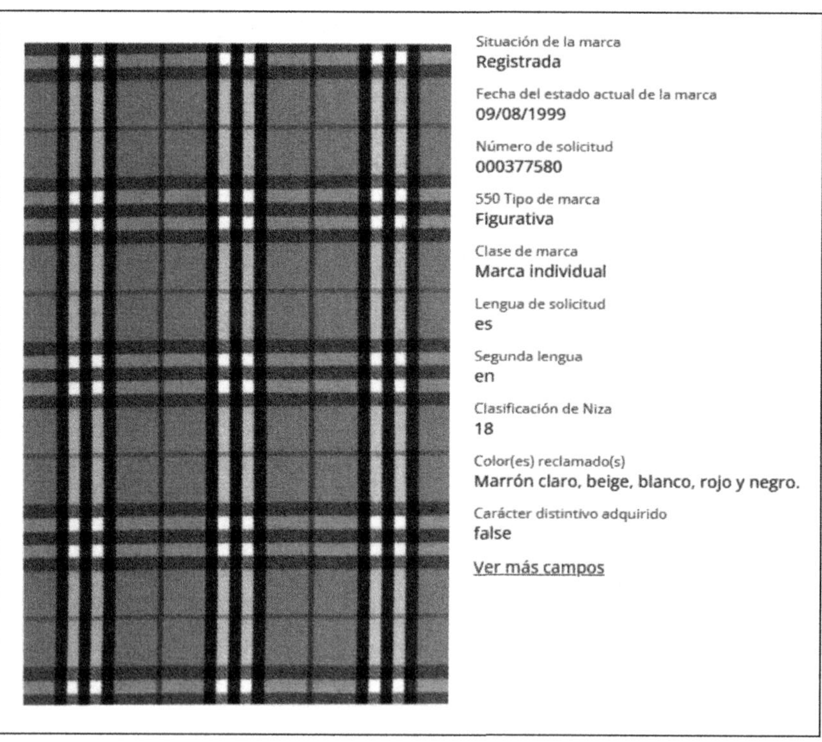

2000. Marca de color. Milka. Reproducción del color lila y la referencia a la escala Pantone 268 C. Se protege el tono de color aplicado de forma uniforme a las tabletas y envoltorios de chocolate. Requiere probar que el color se ha convertido en indicador de origen para el público (Distintividad sobrevenida).

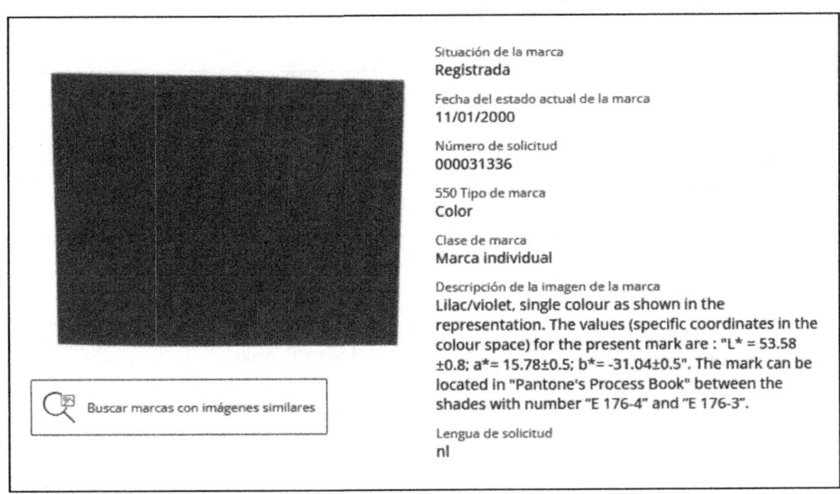

Buscar marcas con imágenes similares

Situación de la marca
Registrada

Fecha del estado actual de la marca
11/01/2000

Número de solicitud
000031336

550 Tipo de marca
Color

Clase de marca
Marca individual

Descripción de la imagen de la marca
Lilac/violet, single colour as shown in the representation. The values (specific coordinates in the colour space) for the present mark are : "L* = 53.58 ±0.8; a*= 15.78±0.5; b*= -31.04±0.5". The mark can be located in "Pantone's Process Book" between the shades with number "E 176-4" and "E 176-3".

Lengua de solicitud
nl

2001. Marca sonora. Nokia «Connecting People» ringtone. Partitura en pentagrama + archivo .mp3 de la melodía. Se protege la secuencia musical que identifica al dispositivo o a la empresa. Desde 2017 basta con el archivo de audio; la partitura sigue siendo aconsejable para mayor claridad (incluso sin saber solfeo, muchos seríamos capaces de tararear esa partitura, lo que demuestra su poder distintivo).

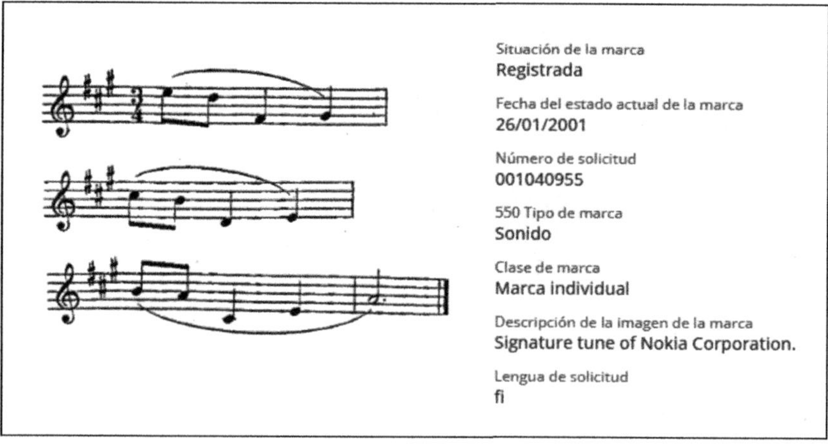

Situación de la marca
Registrada

Fecha del estado actual de la marca
26/01/2001

Número de solicitud
001040955

550 Tipo de marca
Sonido

Clase de marca
Marca individual

Descripción de la imagen de la marca
Signature tune of Nokia Corporation.

Lengua de solicitud
fi

2019. Marca de movimiento. Clan RTVE. Secuencia de vídeo donde el logotipo Clan gira y cambia de color. Se protege el movimiento concreto del logotipo en pantalla. Debe aportarse un archivo visual + descripción que detalle los fotogramas esenciales del efecto.

Marca nacional M4019059(5) - tve clan

- **Fecha Presentación:** 14/05/2019 A LAS 12:35 EN INTERNET
- **Fecha presentación solicitud otorgada:** 14/05/2019
- **Fecha inicio plazo de 5 años para uso efectivo (art.39 LM):** 03/01/2020
- **Tipo:** De movimiento • **Estado:** En vigor
- **Solicitante / Titular:**

Nombre:	CORPORACIÓN DE RADIO TELEVISIÓN ESPAÑOLA, SOCIEDAD ANÓNIMA, S.M.E.
Dirección:	Avda. Radio y Televisión, nº 4 - Edif. Prado del Rey
Localidad:	POZUELO DE ALARCÓN
Provincia:	Madrid
Código Postal:	28223
País de residencia:	(ES) ESPAÑA

Estos ejemplos ilustran cómo la práctica registral actual permite proteger elementos tan variados como un motivo tartán, un color corporativo, un jingle o una animación, siempre que cumplan los criterios de distintividad y representación exigidos por la ley.

3.5. DIFERENCIAS ENTRE MARCA Y NOMBRE COMERCIAL

La Ley 17/2001, de 7 de diciembre, de Marcas define el nombre comercial como «cualquier signo o denominación que sirva para identificar a una empresa en el tráfico mercantil, diferenciándola de las demás».

Por el contrario, la marca identifica productos o servicios concretos. Así, mientras la marca apunta a qué se ofrece, el nombre comercial hace referencia al quién lo ofrece (la empresa en su conjunto).

En la práctica, marca y nombre comercial se registran de la misma forma (mismos impresos, tasas idénticas), y ofrecen una protección similar, ya que, si una marca está registrada para determinadas clases de actividad, nadie podrá inscribir un nombre comercial idéntico dentro de esas mismas clases, y viceversa. Existe el problema de que el nombre comercial nacional nunca puede servir de base para solicitar una marca internacional ante la OMPI.

No obstante, en caso de duda, conviene priorizar la marca:

- Es el signo distintivo por excelencia; aporta mayor fuerza en el mercado.
- Dispone de vías de extensión internacional (marca de la Unión Europea o registros internacionales mediante la OMPI), mientras que no existe un nombre comercial comunitario.
- Cada empresa solo puede registrar un nombre comercial, ya que este la identifica global y únicamente, puede transmitirse junto con la totalidad de la empresa (no admite cesión ni licencia independientes).

Existe —que yo sepa— una única excepción a lo expuesto: la normativa andaluza sobre agencias de viaje exige, de forma exclusiva, que la empresa tenga registrado un nombre comercial, sin admitir la inscripción de una marca. Esa singularidad parece que se ha suavizado con la entrada en vigor del Decreto 114/2023, de 23 de mayo, pero ante la duda si eres agencia de viajes mejor registra el nombre comercial.

3.6. ASPECTOS QUE CONVIENE TENER EN CUENTA AL REGISTRAR UNA MARCA

Uno de los requisitos esenciales es que la marca posea capacidad distintiva: debe permitir diferenciar de forma inequívoca los productos o servicios de los de terceros inscritos para actividades similares y, con ello, evitar el riesgo de confusión.

Para comprobarlo, resulta imprescindible realizar una búsqueda previa antes de presentar la solicitud. Como ya se ha mencionado, el buscador de la OEPM y TMView constituyen las mejores alternativas para este fin.

Es también crucial seleccionar correctamente las clases de Niza que correspondan a los productos o servicios para los que se pretende proteger la marca. Esta elección resulta determinante tanto para calcular el importe de las tasas como para detectar colisiones con otras marcas registradas de la misma categoría.

La Clasificación de Niza es un sistema internacional que organiza los productos y servicios en 45 clases, con el fin de facilitar el registro y la gestión de marcas. Al solicitar una marca, el solicitante debe indicar en qué clases desea protegerla, ya que la protección se limita a los productos o servicios incluidos en ellas. Este sistema, adoptado por la mayoría de las oficinas de propiedad industrial del mundo, permite uniformar y simplificar los procedimientos de registro a nivel internacional. Por ejemplo, *Magno Jabones* y *Magno Brandy* son la misma marca, pero registradas en clases diferentes de Niza; pueden convivir en el mercado porque están dirigidas a públicos distintos y no existe riesgo de confusión entre ambas. De este modo, la Clasificación de Niza permite armonizar la protección de marcas a nivel internacional y garantiza que cada registro se vincule únicamente a los sectores de actividad correspondientes.

La OEPM ofrece el buscador CLINMAR, que recoge los términos admitidos en la clasificación y permite ubicarlos en sus epígrafes, paso imprescindible para fijar las tasas aplicables.

Por último, desde el punto de vista del marketing, conviene que el nombre de la marca atraiga la atención del consumidor, sea fácil de recordar, impacte en su público objetivo y no arrastre connotaciones negativas. Además, debe alinearse con la estrategia empresarial global. En este sentido, el *naming* se ha consolidado como disciplina esencial dentro del *branding* y la comunicación comercial.

Dado que las marcas tienen un ámbito territorial limitado, el registro en un país no otorga protección en otro. Por ello, siempre que una empresa planea expandirse internacionalmente, debe proteger su marca en los nuevos mercados (tema que abordaremos en el próximo apartado).

Un ejemplo que ilustra esta cuestión me acompaña desde hace años: ¿Os habéis fijado en lo que come el jefe de Policía Wiggum en los episodios de *Los Simpson* durante sus pausas en la lucha contra el crimen? ¿Y en el término que emplea siempre? Efectivamente, nunca hablan de dónuts: las denominan rosquillas. ¿Por qué? Porque, aunque «dónut» sea un término genérico en buena parte del mundo, en España, DONUT es una marca registrada desde 1962, hoy propiedad de Bimbo Donuts Ibérica S. A.

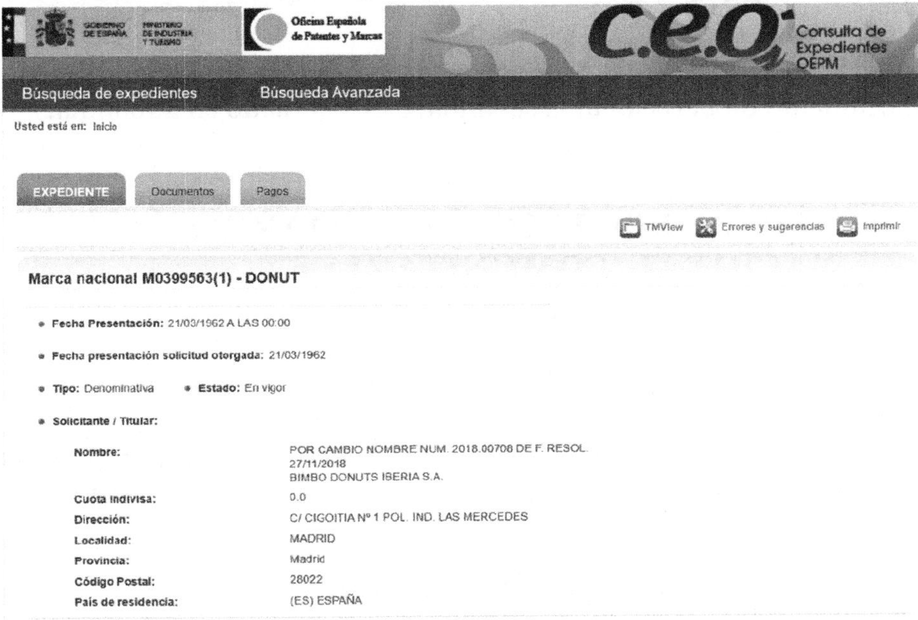

Oficina Española de Patentes y Marcas

c.e.o. Consulta de Expedientes OEPM

Búsqueda de expedientes | Búsqueda Avanzada

Usted está en: Inicio

EXPEDIENTE | Documentos | Pagos

TMView | Errores y sugerencias | Imprimir

Marca nacional M0399563(1) - DONUT

- **Fecha Presentación:** 21/03/1962 A LAS 00:00
- **Fecha presentación solicitud otorgada:** 21/03/1962
- **Tipo:** Denominativa • **Estado:** En vigor
- **Solicitante / Titular:**

Nombre:	POR CAMBIO NOMBRE NUM. 2018.00708 DE F. RESOL. 27/11/2018 BIMBO DONUTS IBERIA S.A.
Cuota indivisa:	0.0
Dirección:	C/ CIGOITIA Nº 1 POL. IND. LAS MERCEDES
Localidad:	MADRID
Provincia:	Madrid
Código Postal:	28022
País de residencia:	(ES) ESPAÑA

Por esa misma razón, en algunos supermercados españoles compramos berlinas —aunque el término recuerde a cierto tipo de automóvil— y la cadena internacionalmente conocida como Dunkin' Donuts opera en nuestro país bajo la marca Dunkin' Coffee.

Imágenes procedentes Wikipedia: la primera corresponde a un establecimiento de Barcelona; la segunda, a otro situado en Tailandia.

3.7. VÍAS DE PROTECCIÓN DE MARCA: NACIONAL, COMUNITARIA E INTERNACIONAL

El registro de marca puede efectuarse en tres niveles: nacional, regional (Unión Europea) e internacional. La vía idónea depende, por lo general, del mercado objetivo, de la actividad y de la capacidad financiera del solicitante, así como de sus expectativas comerciales.

Procedimiento de registro nacional

Se tramita en la Oficina Española de Patentes y Marcas (OEPM) o en la oficina nacional de propiedad industrial correspondiente a cada país. En cuanto a la protección, la marca queda amparada únicamente en el territorio del Estado donde se concede.

1 Presentación de la solicitud

La puede solicitar cualquier persona física o jurídica, a través de la sede electrónica de la OEPM. Dicha solicitud como mínimo debe incluir:

- Denominación de la marca o su representación gráfica (según proceda).
- Identificación y firma del solicitante. En el caso de firma electrónica no es necesaria la firma solamente realizar el pago de las tasas.
- Lista de productos o servicios, clasificados conforme a la Clasificación de Niza.

Tras el envío, la OEPM asigna un número de expediente y fija la fecha de presentación.

2 Publicación en el BOPI

Una vez superado el examen formal, la solicitud se publica en el Boletín Oficial de la Propiedad Industrial (BOPI). A partir de esa fecha se abre un plazo de dos meses para que terceros presenten oposiciones u observaciones.

3 Oposiciones y observaciones de terceros

Los titulares de derechos anteriores pueden oponerse si consideran que la nueva marca vulnera los suyos. Además, cualquier persona puede presentar observaciones sobre la registrabilidad de la marca (prohibiciones absolutas).

4 Examen de fondo

Concluido el plazo de oposición, la OEPM analiza si concurren prohibiciones absolutas o relativas recogidas en la Ley de Marcas. Si detecta objeciones, notifica al solicitante para que formule alegaciones o reduzca el alcance de la solicitud dentro del plazo concedido (no se puede **cambiar** la marca).

5 Resolución: concesión o denegación

Tras evaluar alegaciones y oposiciones, la OEPM decide si conceder o denegar el registro de la marca. En caso de concesión, se publica en el BOPI y se emite el título de registro. En cambio, si se deniega, el solicitante puede interponer los recursos legales pertinentes. Este procedimiento garantiza que las marcas registradas en España cumplan los requisitos legales y no infrinjan derechos anteriores, proporcionando seguridad jurídica a sus titulares.

El coste del registro depende del número de clases de Niza incluidas en la solicitud. A fecha de redacción y hasta que no se aprueben unos nuevos Presupuestos Generales del Estado, la tasa oficial por una presentación electrónica asciende a 127,88 € por la primera clase. Cada clase adicional supone un coste extra de 82,84 €. Esta cuantía afecta tanto al precio total como a la protección efectiva, pues la marca solo será válida para los productos o servicios comprendidos en las clases indicadas. De ahí la importancia de seleccionar con precisión las clases que mejor se ajusten a la actividad real o prevista de la empresa.

Vía europea: la marca de la Unión Europea (EUIPO)

Registrar una marca de la Unión Europea (MUE) ante la Oficina de Propiedad Intelectual de la Unión Europea (EUIPO) concede protección unitaria para los veintisiete Estados miembros durante diez años, renovables indefinidamente.

El trámite de solicitud es sencillo: se abona una única tasa y se presenta en cualquiera de los idiomas oficiales de un Estado miembro, junto con uno de trabajo de la EUIPO (inglés, francés, español, alemán o italiano). La protección se extiende a los 27 Estados miembros durante un período inicial de diez años. Puede solicitarla cualquier persona física o jurídica, con independencia de su nacionalidad o domicilio.

El procedimiento de registro de una marca de la Unión Europea sigue prácticamente los mismos pasos que el de la Oficina Española de Patentes y Marcas (OEPM): presentación de la solicitud, examen formal, publicación en el boletín oficial, apertura del plazo para oposiciones y observaciones de terceros, examen de fondo y, por último, resolución con la concesión o la denegación de la marca. La diferencia esencial reside en el importe de las tasas y en que el expediente se tramita ante la Oficina de Propiedad Intelectual de la Unión Europea (EUIPO), con sede en Alicante, y no ante la OEPM.

Las tasas oficiales vigentes para la marca de la Unión Europea son:

- Tasa básica (incluye una clase): 850 €
- Segunda clase: + 50 €
- Cada clase adicional (a partir de la tercera): + 150 € por clase

Hay que tener en cuenta que la marca de la Unión Europea se concede o se deniega con efecto unitario en los 27 Estados miembros. Esto significa que no es posible obtener la concesión en algunos países y la denegación en otros: la resolución es única y válida para todo el territorio de la Unión Europea.

La marca de la Unión Europea se concibió en origen para grandes empresas con proyección internacional, de modo que no se esperaba su empleo masivo por parte de las pequeñas y medianas empresas (pymes). Con el tiempo, sin embargo, muchas pymes han recurrido a esta vía para proteger su identidad en todo el mercado europeo. Esa demanda ha convertido a la Oficina de Propiedad Intelectual de la Unión Europea (EUIPO) en una fuente muy importante de ingresos gracias a las tasas que percibe; tasas que no pueden reducirse significativamente sin entrar en competencia directa con los sistemas nacionales de registro. Un abaratamiento drástico provocaría una «canibalización» de los registros nacionales, debilitaría a las oficinas estatales y pondría en riesgo la viabilidad de algunos registros de marcas nacionales en países de menor tamaño.

Por ese motivo —y mientras mantiene unas instalaciones modernas en constante expansión— la EUIPO ha optado por ofrecer otros mecanismos de apoyo a las pequeñas empresas, como el programa de ayudas SME Fund, que se explicará más adelante.

Vía internacional: el Sistema de Madrid (OMPI)

El Sistema de Madrid —gestionada por la Organización Mundial de la Propiedad Intelectual (OMPI) ubicada en Ginebra, Suiza, por lo que las tasas se deben pagar en CHF— permite obtener protección en 131 países (cifra que crece cada año) mediante una única solicitud, en un solo idioma y con un único juego de tasas. Para acceder, el solicitante debe tener un establecimiento industrial o comercial, domicilio o nacionalidad en el territorio de cualquiera de los Estados parte.

Este mecanismo resulta especialmente útil para las empresas que desean expandirse más allá del mercado nacional o europeo, pues es más ágil y económico que tramitar solicitudes individuales en cada país.

Es importante antes de presentar la solicitud verificar que el país de interés esté adherido al sistema. Algunas economías relevantes —por ejemplo, Argentina o Sudáfrica— aun no lo han hecho, y los Estados incorporados recientemente pueden no aplicar todavía el procedimiento en su totalidad.

Aunque la solicitud se presenta de forma centralizada, la validez de la marca en cada Estado se rige por su legislación nacional. El título resultante funciona, por tanto, como un conjunto de registros nacionales: un país puede conceder la protección y otro denegarla.

Particularidades del Sistema de Madrid

- Solicitud, idioma y moneda únicos. Se presenta una única solicitud ante la OMPI, en español, inglés o francés, y todas las tasas se abonan en francos suizos (CHF).
- Marca base obligatoria. Es requisito obligatorio disponer de una marca nacional o de la UE ya registrada (o en trámite) en la oficina de origen; debe mantenerse al menos cinco años desde la fecha de registro internacional («principio de dependencia»).
- Designación selectiva de países. A diferencia de la marca de la UE, aquí se eligen uno por uno los Estados miembros en los que se desea protección, pagando la tasa correspondiente a cada designación.
- Examen independiente en cada Estado. Tras la recepción, cada oficina nacional decide si concede o rechaza la protección en su territorio.
- Gestión centralizada a lo largo de la vida de la marca. Renovaciones, cambios de titularidad, limitaciones de productos, etc., se tramitan directamente ante la OMPI, con el consiguiente ahorro administrativo.

Tasas orientativas

El coste depende de la cantidad de países designados, del número de clases y de si la marca contiene colores. Se abonan:

- Tasa básica: 653 CHF si es marca en blanco y negro (833 CHF si reivindica color).
- Tasa individual: el importe depende del país, pero en la Unión Europea se abonan 811 CHF por dos clases.
- Tasa complementaria: son 100 CHF por país, y se aplica cuando el Estado no establece tasa individual.

Por ejemplo, la solicitud para dos clases que designa tres países (UE con tasa individual y dos Estados con tasa complementaria):

- Tasa básica: 653 CHF
- Tasa individual (UE): 811 CHF
- Tasas complementarias: 200 CHF (100 CHF por cada uno de los otros dos países)
- Total estimado: 1.664 CHF

Las cifras se actualizan periódicamente; conviene consultarlas en la calculadora oficial de la OMPI antes de presentar la solicitud.

En suma, el Sistema de Madrid ofrece una protección multinacional flexible, adaptable a la estrategia de expansión de cada empresa y con una tramitación más sencilla que la presentación de expedientes país por país.

3.8. SME FUND: AYUDA DE LA EUIPO PARA EL REGISTRO DE MARCAS, DISEÑOS Y PATENTES

Cada comienzo de año se abre la convocatoria del Fondo para pymes (SME Fund), gestionado por la EUIPO, con el fin de apoyar económicamente a las pequeñas y medianas empresas establecidas en la Unión Europea en la protección de sus derechos de propiedad industrial.

Las solicitudes se atienden por estricto orden de llegada y el plazo concluye cuando se agotan los fondos; conviene, por tanto, tramitarlas cuanto antes.

Conceptos subvencionables e importes máximos (ejercicio 2025)

- **Marcas y diseños** (UE / nacionales / internacionales), con un reembolso del 75 % (UE y nacionales), y un 50 % (OMPI). El límite anual por empresa es de 700 €. Los gastos cubiertos (la ayuda solo cubre los gastos efectivamente pagados por la pyme y justificados con la correspondiente factura) son las tasas de solicitud, examen y publicación ante EUIPO, OEPM u otras oficinas europeas; tasas OMPI (se excluye la tasa de la oficina de origen).
- **Patentes nacionales e informes de búsqueda**, con un reembolso del 75 % y con un límite anual de 1.000 €. Los gastos cubiertos incluyen el informe de búsqueda sobre el estado de la técnica; tasas de presentación, búsqueda, examen, concesión y publicación en un Estado miembro.

(continuación...)

- **Patentes europeas y costes jurídicos**, con un reembolso del 75 % (tasas OEP) y 50 % (honorarios; la parte del 50 % se aplica sobre los honorarios profesionales facturados en el Estado miembro). El límite anual por empresa es de 2.500 €. Los gastos cubiertos comprenden las tasas de presentación y búsqueda en la OEP; honorarios por redacción y presentación de la solicitud europea (máx. 1.500 €).
- **Variedades vegetales comunitarias**, con un reembolso del 75 % y un límite anual por empresa de 1.500 €. Los gastos cubiertos son las tasas de solicitud ante la Oficina Comunitaria de Variedades Vegetales.

Documentación necesaria

- Registro de usuario en el portal del SME Fund (URL oficial).
- Identificación de la empresa: NIF de la sociedad, y para autónomos el DNI y el certificado de alta en el RETA.
- Certificado bancario de la cuenta donde se ingresará el reembolso (titular, IBAN y SWIFT).

Procedimiento y plazos

Una vez presentada la solicitud, la resolución de concesión de la ayuda se comunica en unos 15 días laborables. Desde ese momento, concedido el bono, la empresa dispone de un mes para realizar el trámite de la subvención (por ejemplo, presentar la marca) y cargar la factura para el reembolso. Es importante subrayar que las solicitudes objeto de esta ayuda deben presentarse **después** de recibir la notificación de aprobación por parte de la EUIPO. Antes de que venza el plazo inicialmente previsto de un mes, puede solicitarse una prórroga de hasta dos meses adicionales.

Con este incentivo, la EUIPO persigue que las pymes europeas integren la propiedad industrial en su estrategia de crecimiento con un impacto financiero asumible.

CAPÍTULO 4.
¿QUÉ ES UN DISEÑO INDUSTRIAL?

4.1. DEFINICIÓN, FUNCIONES Y ALCANCE

La Ley 20/2003, de 7 de julio, de Protección Jurídica del Diseño Industrial, define el diseño como «la apariencia externa de la totalidad o de una parte de un producto, que se deriva de las características de sus líneas, contornos, colores, forma, textura o materiales o de su ornamentación».

El concepto abarca tanto objetos industriales como artesanales e incluye envases, embalajes, símbolos gráficos, elementos tipográficos e, incluso, la apariencia externa de establecimientos comerciales. No obstante, los programas informáticos quedan expresamente excluidos. También puede protegerse la apariencia de un producto complejo formado por varios componentes sustituibles, siempre que sea posible desmontarlo y volver a montarlo.

Un diseño puede estar constituido por elementos tridimensionales (por ejemplo, la forma del objeto), bidimensionales (patrones o decoraciones) o una combinación de ambos. Así, por ejemplo, una cadena de comida rápida puede registrar la estética de sus locales como parte de su identidad visual.

Requisitos de protección

Para poder ser registrado y protegido, un diseño debe cumplir tres requisitos esenciales:

- **Novedad**: el diseño no debe haberse divulgado públicamente antes de la fecha de presentación o de prioridad (incluye catálogos, ferias, exposiciones o cualquier medio público). Por ello, es recomendable registrar el diseño antes de su difusión o, en su defecto, mostrarlo bajo acuerdos de confidencialidad.

(continuación...)

- **Carácter singular**: el diseño debe generar en el «usuario informado» una impresión global diferente respecto a diseños anteriores. No se exige originalidad absoluta, pero sí una diferencia perceptible y significativa.
- **Visibilidad**: el diseño ha de ser visible durante el uso normal del producto. Por ejemplo, el interior de una maleta sí puede formar parte del diseño protegido, en cambio, el interior oculto de un motor, no.

Duración y solicitud

La duración del diseño industrial tiene un plazo inicial de cinco años desde la fecha de solicitud, renovables por períodos sucesivos quinquenales hasta un máximo de 25 años. La solicitud puede incluir hasta 50 diseños diferentes siempre que sean productos homogéneos ya no es obligatorio que pertenezcan al mismo epígrafe de la Clasificación de Locarno, lo que abarata costes para series homogéneas (cubiertos, muebles, colecciones gráficas, etc.).

Alcance de la protección

El diseño industrial protege solo la apariencia externa reflejada en los dibujos o fotografías depositados; no ampara la función ni las características técnicas. Por ello, cualquier variación, por pequeña que sea, que no figure en las vistas registradas puede bastar para evitar la infracción.

Valor estratégico

Un diseño atractivo diferencia el producto, mejora su percepción y puede convertirse en fuente de ingresos a través de licencias o cesiones. Resulta especialmente aconsejable proteger diseños de alto valor añadido, con ciclo de vida largo y que representen una parte relevante de las ventas de la empresa.

En la actualidad, el **valor empresarial del diseño** es muy elevado, sobre todo cuando los productos no incorporan novedades técnicas significativas. En estos casos, el diseño se convierte en un factor clave de diferenciación, competitividad y reputación de los productos que la empresa pone en el mercado.

Además, cada vez más empresas integran en sus procesos de diseño criterios de **sostenibilidad**, atendiendo a aspectos como la elección de materiales, la eficiencia energética o la adaptación a espacios y entornos. De este modo, el diseño no solo aporta atractivo estético y funcionalidad, sino que también refuerza el compromiso de la empresa con la innovación responsable y el desarrollo sostenible.

4.2. ALTERNATIVAS DE PROTECCIÓN: DISEÑO COMUNITARIO NO REGISTRADO

En determinados sectores —moda, mobiliario, artículos de temporada— el ciclo de vida del producto resulta tan breve que el registro formal de un diseño industrial puede ser inviable o innecesario. Piénsese en Zara, donde la rotación de colecciones es tan rápida que muchos modelos permanecen en tienda apenas unas semanas. Además, se lanzan varias líneas a la vez sin saber de antemano cuáles tendrán éxito y cuáles serán descartadas en poco tiempo.

Para estos supuestos, el Derecho de la Unión Europea prevé el diseño comunitario no registrado (artículo 11 del Reglamento (CE) n.º 6/2002). Esta figura otorga, sin solicitud ni tasas, una protección jurídica de tres años a partir de la fecha en que el diseño se hace accesible al público dentro de la Unión Europea.

La legislación española (Ley 20/2003, de 7 de julio) no contempla la figura del diseño no registrado, ya que siempre exige un registro formal; sin embargo, por efecto de la normativa comunitaria, la directiva relativa a diseños es de aplicación directa y obligatoria en España.

¿Cómo nace la protección?
El diseño debe haberse divulgado en la UE (exposición, comercialización, publicación, redes sociales, etc.). No basta con haberlo mostrado bajo confidencialidad ni en un entorno privado. Una vez producida la divulgación, la protección nace de forma automática, sin necesidad de trámites ni del pago de tasas.

Ventajas frente a un diseño registrado

- Tramitación: automática y sin costes, y para registrar el diseño se necesita presentar una solicitud formal más las tasas.
- Duración: la protección del diseño no registrado es de tres años (no renovables). En cambio, un diseño registrado puede renovarse cada cinco años hasta alcanzar un máximo de 25 años.
- Ámbito de protección: la protección del diseño no registrado solo impide la copia deliberada, es decir, es necesario demostrar acceso al diseño original y el plagio. Si el diseño similar ha sido creado de manera independiente, por coincidencia, no se considera infracción. Por el contrario, un diseño registrado otorga una protección más amplia, independientemente de si hubo o no intención de copia.

(continuación...)

- Carga probatoria: recae íntegramente en el titular del diseño no registrado, que debe acreditar la autoría, la fecha de divulgación y el acceso del infractor. En cambio, el diseño registrado goza de presunción de validez y facilita la defensa.

Ventajas y limitaciones en la práctica

- Ágil y gratuito, ideal para colecciones fugaces o productos de moda rápida.
- Cobertura limitada, solo frente a copias intencionadas y durante tres años.
- Defensa compleja, suele requerir un procedimiento judicial costoso; el resultado es incierto.

En suma, el diseño no registrado complementa, pero no sustituye, las ventajas estratégicas y jurídicas del diseño registrado cuando el producto tiene elevado valor económico o un ciclo de vida largo. No olvidemos el viejo refrán: «Pleitos tengas... y los ganes»; evitar el pleito con un registro sólido suele ser la mejor inversión.

4.3. DIFERENCIA ENTRE PERÍODO DE GRACIA POR DIVULGACIÓN Y PRIORIDAD POR EXPOSICIÓN OFICIAL

La protección efectiva de un diseño industrial depende, como hemos visto, de su novedad; cualquier divulgación pública puede comprometerla. En este contexto conviene distinguir dos que a menudo se confunden, aunque persiguen fines distintos: el período de gracia por divulgación y el derecho de prioridad por exposición. Ambos introducen plazos que influyen en la fecha de solicitud, pero difieren en naturaleza jurídica, requisitos y efectos.

Período de gracia por divulgación

El período de gracia es una excepción al requisito de novedad. Permite presentar la solicitud dentro de los doce meses siguientes a la primera divulgación pública realizada por el propio diseñador o con su conocimiento.

Resulta idóneo cuando, por motivos comerciales o promocionales, es necesario mostrar el diseño (redes sociales, catálogos, presentaciones a clientes) antes de decidir su registro.

El límite que establecen es que no confiere prioridad internacional, y los derechos nacen en la fecha de presentación, no en la de divulgación.

Prioridad por exposición oficial

Esta figura es el derecho a retrotraer la fecha de la solicitud a la de la primera presentación del diseño en una exposición oficial o exposición internacional conocida (Convenio de París). La solicitud debe presentarse dentro de los seis meses posteriores a la inauguración de la exposición.

Este mecanismo tiene valor internacional, pues se reconoce entre los Estados parte del Convenio de París, y permite al diseñador anticipar su protección incluso antes de presentar la solicitud oficial del diseño. La prioridad de exposición solo puede reivindicarse si se aporta un certificado expedido por la organización oficial de la feria en la que se haya mostrado el diseño. Dicho certificado acredita la fecha y el hecho de la exposición, y resulta imprescindible para que esa presentación sea reconocida como base de prioridad en una solicitud de registro posterior.

Relación y diferencias

El período de gracia y la prioridad por exposición pueden coexistir, pero no deben confundirse.

El **período de gracia** tiene como finalidad salvaguardar la novedad del diseño frente a una divulgación previa realizada por el propio solicitante. En cambio, la prioridad por exposición permite que los derechos de la solicitud sean efectivos no desde la fecha de presentación, sino desde la exposición pública en la feria correspondiente. El plazo del período de gracia es de 12 meses desde la divulgación, mientras que el de prioridad por exposición es de 6 meses desde la apertura de la exposición.

El efecto sobre la fecha de registro del período de gracia no retrotrae la fecha, solo evita la pérdida de novedad; y de la prioridad por exposición retrotrae la fecha a la de la exposición (efecto prioritario).

El ámbito internacional del período de gracia no concede prioridad en otros países, y de la prioridad por exposición es reconocido entre los Estados del Convenio de París.

Ejemplo práctico

Una empresa de muebles presenta cuatro nuevas líneas de dormitorios en una feria oficial del sector:

- Reloj en marcha (día 0): al inaugurarse la exposición, se abre un plazo de 6 meses para invocar la prioridad de exposición.
- Dentro de esos 6 meses puede seleccionar las líneas con mejor acogida y solicitar el registro. Si lo hace, la protección (hasta 25 años, renovable cada 5) se retrotraerá al día de la inauguración.
- Si pasan los 6 meses, pierde el derecho de prioridad, aunque aún dispone —por el período de gracia— de otros 6 meses (hasta completar 12) para presentar la solicitud en España. Esa solicitud surtirá efecto solo desde su fecha de presentación.
- Mientras tanto, la empresa cuenta con la cobertura del diseño comunitario no registrado (frente a copias deliberadas, durante 3 años).

En síntesis, el período de gracia actúa de salvaguarda defensiva tras una divulgación propia, mientras que la prioridad por exposición es un mecanismo proactivo que permite anticipar la fecha de protección en el ámbito internacional.

4.4. ¿PUEDE UN DISEÑO INDUSTRIAL CONVERTIRSE EN UNA MARCA TRIDIMENSIONAL?

La protección de un diseño industrial —limitada, como máximo, a veinticinco años desde su registro— puede prolongarse de forma indirecta al amparo del derecho de marcas. Para ello es preciso demostrar que el diseño ha adquirido carácter distintivo y que el público lo identifica inequívocamente como signo de procedencia empresarial, más allá de su mera función utilitaria.

Cuando se cumplen esos requisitos, el diseño puede registrarse como marca tridimensional, siempre que:

- Acredite la distintividad sobrevenida (o innata) exigida por la legislación de marcas.
- No incurra en las prohibiciones absolutas, en particular la que impide registrar formas impuestas exclusivamente por naturaleza a la funcionalidad del producto.

Un ejemplo paradigmático es la botella «contour» de Coca-Cola: su silueta, introducida en 1915, se registró como marca tridimensional tras probarse que el consumidor asocia automáticamente esa forma con la marca, incluso sin ver la etiqueta. De hecho, la compañía suele reproducir la silueta en las latas y otros soportes precisamente para reforzar esa asociación.

Esta estrategia permite a los titulares preservar la exclusividad de su creación más allá del plazo propio del diseño industrial, garantizando una protección potencialmente indefinida mientras la marca se renueve y se mantenga en uso.

4.5. PROHIBICIONES DE REGISTRO

La normativa de diseño industrial contempla prohibiciones absolutas que pueden impedir el registro —o provocar la nulidad posterior— de un diseño:

1

Falta de novedad o de carácter singular

Un diseño no será válido si es idéntico, o prácticamente idéntico, a otro que se haya hecho público antes de la fecha de presentación o de prioridad invocada.

2

Contrariedad al orden público o a las buenas costumbres

Quedan excluidos los diseños que vulneren principios éticos, culturales o sociales generalmente aceptados.

3

Función puramente técnica

No se protege la apariencia dictada exclusivamente por la función técnica del producto; esas soluciones corresponden a patentes o modelos de utilidad.

4

Interconexión mecánica necesaria

Tampoco pueden registrarse los diseños cuya forma sea imprescindible para ensamblarse con otros productos, salvo los sistemas modulares intercambiables, como los bloques tipo LEGO.

Estas limitaciones buscan evitar el abuso del sistema de propiedad industrial, salvaguardar la competencia y garantizar el libre acceso a soluciones técnicas indispensables.

Caso práctico: la «estelada» y otros emblemas similares

Un asunto mediático ilustró estas prohibiciones: la solicitud, ante la OEPM, de varios diseños similares a la conocida «bandera estelada» de los movimientos independentistas catalanes. Las representaciones —en blanco y negro— también podían confundirse con las banderas de Cuba, Puerto Rico o Mozambique.

Aunque algunos de estos diseños fueron denegados por los tribunales en vía contencioso-administrativa, otros se concedieron parcialmente, ya que no se trataba de banderas oficiales ni de símbolos protegidos por el artículo 6ter del Convenio de París.

La protección del diseño industrial es exclusivamente comercial y económica. No puede limitar usos institucionales, políticos o sin ánimo de lucro, como el izado en edificios públicos o utilización por ayuntamientos. Por ello, exigir licencias a los municipios para usar dichas banderas carecería de base jurídica.

Por su interés y precisión, reproduzco aquí la corrección de portada que realizó Leandro Núñez (@Leoplus) en *La Razón*, donde sintetiza acertadamente la problemática de este caso.

4.6. VÍAS DE PROTECCIÓN DEL DISEÑO INDUSTRIAL: NACIONAL, EUROPEA E INTERNACIONAL

Los diseños industriales pueden protegerse en tres niveles, según los intereses comerciales y el mercado objetivo de la empresa: nacional, regional e internacional.

Solicitud de diseño nacional ante la OEPM

El registro de un diseño industrial en la Oficina Española de Patentes y Marcas (OEPM) constituye un procedimiento administrativo que permite obtener protección jurídica sobre la apariencia externa de un producto en el territorio español.

Para ello, el solicitante debe presentar un formulario oficial que incluya sus datos y representaciones gráficas claras del diseño que desea registrar, admitiéndose hasta siete vistas por cada diseño. La solicitud puede tramitarse electrónicamente a través de la sede de la OEPM o de manera presencial.

Junto con la solicitud, debe abonarse una tasa cuyo importe varía en función del número de diseños incluidos y del tipo de solicitud (individual o múltiple). En el caso de presentación electrónica, que conlleva una reducción significativa respecto al trámite presencial, la tasa por diseño se sitúa en 66,27 € para solicitudes que incluyan entre 1 y 10 diseños. Esta cuantía se reduce progresivamente a 57,99 € (de 11 a 20 diseños), 48,16 € (de 21 a 30), 38,53 € (de 31 a 40) y 30,86 € por diseño para solicitudes de 41 a 50 diseños.

Esta estructura escalonada tiene como objetivo incentivar la presentación conjunta de varios diseños en una única solicitud, así como fomentar el uso del canal digital.

Una vez presentada la solicitud, la OEPM realiza un examen formal y de licitud del diseño. Si se cumplen todos los requisitos legales, el diseño se publica en el Boletín Oficial de la Propiedad Industrial (BOPI), salvo que el solicitante haya optado por aplazar su publicación, en cuyo caso podrá posponerse hasta un máximo de 30 meses.

En ausencia de objeciones u oposiciones, se procede a la concesión del registro, que otorga derechos exclusivos durante un período inicial de cinco años, renovable por períodos sucesivos hasta un máximo de veinticinco años.

Solicitud de diseño de la Unión Europea

Una solicitud de diseño de la Unión Europea permite, mediante un único trámite, obtener protección en todos los países que integran la Unión Europea. Lo habitual es presentar la solicitud a través la sede electrónica de la Oficina de Propiedad Intelectual de la Unión Europea (EUIPO), aunque también puede realizarse en cualquiera de las oficinas nacionales de propiedad industrial de los Estados miembros. Asimismo, es posible designar a la Unión Europea en el marco del Sistema de La Haya, a través de la Organización Mundial de la Propiedad Intelectual (OMPI).

La solicitud puede presentarse en cualquier momento, siempre que el diseño no haya sido divulgado previamente. No obstante, también puede efectuarse durante el período de gracia de doce meses tras la primera divulgación; durante dicho plazo, las divulgaciones no afectarán a la novedad ni al carácter singular del diseño. Por otro lado, los solicitantes de determinados Estados, entre ellos España, pueden, en el plazo de seis meses desde su solicitud inicial, solicitar una ampliación de protección del diseño en la Unión Europea.

Las tasas varían en función del número de diseños incluidos en la solicitud y del tipo de publicación elegido (inmediata o aplazada).

La tasa base es de 350 € por el primer dibujo o modelo, incrementándose en 125 € por cada diseño adicional hasta el vigésimo.

Opcionalmente, puede aplazarse la publicación de un diseño hasta un máximo de treinta meses desde la fecha de presentación. Cuando la solicitud incluya una petición de aplazamiento, habrá que abonar 40€ por diseño. De este modo, el diseño sigue siendo secreto y permanece sin publicar, lo que permite ganar tiempo para seguir desarrollando la estrategia empresarial.

Al igual que los diseños registrados a nivel nacional, el diseño de la Unión Europea tiene una validez inicial de cinco años, renovable por períodos sucesivos de cinco años hasta un máximo de veinticinco. Como sucede con la marca de la Unión Europea, la protección del diseño industrial europeo registrado se concede con efecto unitario para los 27 Estados miembros. Esto significa que no puede concederse en unos países y denegarse en otros: la concesión es válida en todo el territorio de la UE.

Diseño internacional a través del Sistema de la Haya

La alternativa para registrar un diseño industrial en el ámbito internacional es mediante el Sistema de La Haya, administrado por la Organización Mundial de la Propiedad Intelectual (OMPI), ubicada en Ginebra (Suiza). Este sistema permite a los titulares de diseños industriales proteger sus creaciones en múltiples países mediante una única solicitud internacional.

Se presenta, por tanto, una sola solicitud en un único idioma (inglés, francés o español) y se abona un conjunto único de tasas en una sola moneda (francos suizos). El resultado es la protección del diseño en todos los países miembros designados, con los mismos efectos que si se hubiera solicitado el registro directamente en cada uno de ellos.

Dependiendo del lugar donde se haya presentado la solicitud de diseño inicial, la tramitación internacional puede realizarse a través de la OEPM o de la EUIPO. En ambos casos, el solicitante debe cumplir al menos uno de los siguientes criterios:

- Ser nacional de un país miembro del Sistema de La Haya.
- Tener domicilio en un país miembro.
- Poseer un establecimiento industrial o comercial real y efectivo en un país miembro.

El proceso para registrar un diseño industrial internacionalmente incluye los siguientes pasos:

1. Preparación de la solicitud: completar el formulario correspondiente, que debe incluir representaciones gráficas del diseño.
2. Pago de tasas: abonar las tasas requeridas, que incluyen una tasa básica, tasas de publicación y tasas de designación por cada país en el que se desea obtener protección.
3. Presentación de la solicitud: remitir la solicitud (a la OEPM o a la EUIPO) para su envío a la OMPI, donde será examinada y registrada.

El uso del Sistema de La Haya ofrece varias ventajas, entre ellas, la simplificación del proceso, ya que una única solicitud sustituye múltiples solicitudes nacionales; la reducción de costes, al centralizar el procedimiento, lo que disminuye tasas y gastos administrativos; y la facilidad de gestión, pues las renovaciones y modificaciones pueden realizarse a través de un único procedimiento ante la OMPI.

Cabe señalar que no todos los países están adheridos a este acuerdo. Algunos Estados relevantes que no forman parte del Sistema de La Haya —y que, por tanto, exigen procedimientos nacionales independientes para proteger diseños industriales— son Argentina, India o Tailandia. Esto implica que, si una empresa desea proteger el aspecto estético de sus productos en dichos territorios, deberá presentar solicitudes directamente ante las respectivas oficinas nacionales de propiedad industrial, cumpliendo con sus normativas específicas y abonando las tasas correspondientes en cada país.

Las solicitudes internacionales de registro de diseños están sujetas al pago de tres tipos de tasas, todas ellas en francos suizos (CHF):

- Una tasa básica: 397 CHF por el primer diseño; 50 CHF por cada diseño adicional incluido en la misma solicitud.
- Una tasa de publicación: 17 CHF por cada reproducción; 150 CHF por cada página en la que se muestren una o varias reproducciones.
- Una tasa de designación (estándar o individual) para cada Parte Contratante en la que se solicite protección. Por ejemplo, en el caso de China, la tasa asciende a 1.150 CHF, mientras que la tasa individual es de 497 CHF.

CAPÍTULO 5. PROTECCIÓN JURÍDICA DE LAS INVENCIONES

5.1. PATENTES Y MODELOS DE UTILIDAD

Una invención es una solución técnica concreta a un problema o necesidad específica. A diferencia del diseño industrial, que se centra en aspectos estéticos o de apariencia externa, en este caso el foco está en el funcionamiento y los procesos técnicos.

La protección jurídica y la explotación exclusiva de una invención se obtienen, fundamentalmente, mediante la concesión de una patente. Más adelante se abordarán también los modelos de utilidad. La patente confiere al titular un derecho exclusivo, siempre que la invención cumpla tres requisitos esenciales: novedad, actividad inventiva y aplicación industrial. Estos tres criterios constituyen la base de todo el sistema de protección; si alguno de ellos no se cumple, la patente no puede ser concedida o resultará inválida.

La duración máxima de una patente es de veinte años desde la fecha de presentación de la solicitud, salvo para los productos fitosanitarios que se podrá extender su vigencia hasta 5 años más mediante un Certificado Complementario de Protección. No obstante, su mantenimiento requiere el pago de tasas anuales. En caso de impago, la patente caduca y su contenido pasa al dominio público, quedando disponible para su uso libre por terceros.

Requisitos para la concesión de una patente

1. Novedad a escala mundial. Una invención se considera novedosa cuando no forma parte del estado de la técnica, es decir, del conjunto de conocimientos que ya se han hecho accesibles al público antes de la fecha de presentación de la solicitud, tanto en España como en el extranjero, en cualquier idioma y por cualquier medio.

(continuación...)

2. Actividad inventiva. Implica que la invención no resulte evidente para una persona experta en la materia, a partir del estado de la técnica existente, y suponga una evolución tecnológica a lo ya desarrollado.
3. Aplicación industrial. Significa que la invención puede ser fabricada, utilizada o implementada en cualquier tipo de industria.

Se entiende por «estado de la técnica» todo aquello que ya es accesible al público antes de la fecha de solicitud de la patente. Esto incluye publicaciones, tesis doctorales, conocimientos previos, patentes anteriores u otros medios de divulgación. Por este motivo, es fundamental no hacer pública la invención antes de solicitar la patente, ya que su divulgación previa podría anular la novedad y hacer inviable la concesión.

La suficiencia de la descripción es uno de los pilares de una solicitud de patente. La invención debe estar explicada de manera clara, precisa y completa, de modo que un experto en la materia pueda llevarla a cabo sin necesidad de esfuerzo inventivo adicional.

En consecuencia, las ideas abstractas, vagas o generales no son patentables. La protección solo se concede sobre una descripción técnica concreta y suficientemente desarrollada. El análisis de la patentabilidad se fundamenta en esa información detallada, lo que garantiza que la invención pueda reproducirse y cumpla con los requisitos legales exigidos y exista unidad de invención.

Las patentes constituyen una de las fuentes de información técnica más accesibles y completas que existen. Una vez publicadas, su contenido íntegro está disponible para cualquier persona, en cualquier parte del mundo, siempre que sepa dónde buscar. Existen bases de datos públicas y gratuitas, como Espacenet o Google Patents, que permiten consultar millones de documentos de patente de forma sencilla y eficiente.

Además, las patentes siguen un formato estandarizado a nivel internacional. Esto significa que, independientemente del país de origen, todas presentan una estructura común —resumen, descripción técnica, reivindicaciones y dibujos—, lo que facilita notablemente su lectura, interpretación y análisis. Esta homogeneidad resulta espacialmente útil para investigadores, empresas e instituciones interesadas en el desarrollo tecnológico y la vigilancia del estado de la técnica.

Son susceptibles de protección mediante patente las invenciones relativas a máquinas, dispositivos, procedimientos o productos. Sin embargo, la legislación vigente excluye expresamente determinados elementos del ámbito de protección, como las siguientes:

- Los descubrimientos, las teorías científicas y los métodos matemáticos.
- Las obras literarias, artísticas o cualquier otra creación estética, así como las obras científicas.
- Los planes, reglas y métodos para el ejercicio de actividades intelectuales, para juegos o para actividades económico-comerciales, así como los programas de ordenadores.
- Las formas de presentar informaciones.

A menudo se tiende a equiparar el concepto de «patente» con el de «invento», entendido como hallazgo repentino o descubrimiento fortuito. Esta visión, si bien comprensible, resulta simplista y poco ajustada a la realidad. Muchos inventores particulares creen haber encontrado la solución definitiva a un problema, como si se tratara de un tesoro capaz de transforma su situación económica. Sin embargo, el proceso de obtención de una patente es mucho más exigente.

Por lo general, las patentes no nacen de una idea brillante aislada, sino que son fruto de un proceso largo, riguroso y metódico de investigación, y desarrollo y de mejora o perfeccionamiento a lo ya conocido en el estado de la técnica. Para poder patentar una invención, es imprescindible superar el estado de la técnica existente a escala mundial, lo que implica ofrecer mejoras sustanciales respecto a los resultados ya alcanzados por grandes empresas, centros tecnológicos o universidades especializadas.

Por muy brillante que sea una idea, rara vez basta con concebirla desde la comodidad del hogar —si se me permite la expresión—. Esta es, con frecuencia, la situación del inventor particular: una figura valiosa y creativa, pero a menudo incomprendida y con escasas probabilidades de éxito en un sistema altamente competitivo y tecnificado. El **inventor particular** se enfrenta, además, a una dificultad añadida: en la mayoría de los casos no es él quien fabrica el producto desarrollado ni quien tiene la capacidad de ponerlo en el mercado. Para obtener un retorno económico debe negociar la venta o licencia de su invención con empresas fabricantes. Sin embargo, en la práctica no siempre logra concretar acuerdos comerciales, lo que conlleva que, en muchos casos, los beneficios obtenidos no resulten suficientes para recuperar los costes de la solicitud de patente o modelo de utilidad.

Las patentes, como parte fundamental de la estrategia de una empresa, ofrecen ventajas clave frente a la opción de no proteger una invención. A diferencia de mantener una tecnología en secreto o sin protección, la patente permite salvaguardar la innovación y capitalizarla comercialmente, abriendo nuevas oportunidades de negocio mediante la venta o licencia exclusiva de tecnología, lo que genera ingresos incluso sin necesidad de producción directa.

Asimismo, las patentes representan activos intangibles que incrementan el valor patrimonial de la empresa y fortalecen su posicionamiento frente a inversores, entidades financieras y potenciales alianzas estratégicas. También facilitan la entrada en mercados internacionales, al ofrecer respaldo jurídico y ventajas competitivas en diferentes países. A esto se suma su impacto positivo en la imagen corporativa, proyectando una empresa innovadora y con liderazgo tecnológico en su sector y credibilidad a los consumidores de dicha patente.

No obstante, para que estas ventajas sean reales y efectivas, es imprescindible que las patentes no solo cumplan con los requisitos legales (novedad, actividad inventiva y aplicación industrial), sino que respondan a un interés comercial real y estén alineadas con las demandas concretas del mercado.

Patentes y competitividad nacional

Desde la perspectiva del interés general, un país que carece de un sistema sólido de patentes ve restringido su acceso directo a los mercados más competitivos. Las alternativas no resultan prometedoras: o bien se reutilizan tecnologías con más de veinte años de antigüedad; o bien se pagan licencias para utilizar tecnologías desarrolladas por terceros; o, en el peor de los casos, se corre el riesgo de infringir derechos protegidos y enfrentarse a litigios.

En España, no faltan la creatividad ni el talento. Producimos más publicaciones científicas de las que cabría esperar en proporción a nuestra población. Sin embargo, un gran número de ellas no se patenta, estas invenciones o ideas más básicas no llegan al mercado. Esa es una de las diferencias estructurales más relevantes —y persistentes— respecto a otros países más competitivos.

Más allá de la invención

Patentar no solo exige capacidad inventiva, sino también una infraestructura adecuada, una estrategia de protección sólida y la capacidad de transformar las patentes en productos diferenciados y competitivos. Además, obtener una patente implica una inversión considerable y no garantiza protección absoluta, ya que siempre existe el riesgo de que surjan versiones ligeramente modificadas o imitaciones.

Muchas empresas españolas renuncian a liderar en innovación y optan por competir con productos menos diferenciados, en ocasiones más económicos, pero también más vulnerables. Esta estrategia puede ser válida a corto plazo, pero difícilmente resulta sostenible ni deseable a largo plazo, y mucho menos sirve como base para asegurar un crecimiento sostenido en el tiempo y para la internacionalización de la empresa.

Otra estrategia empresarial cada vez más frecuente consiste en utilizar tecnología ya conocida o patentada, es decir, que forma parte del estado de la técnica, pagando los royalties correspondientes, y combinarla con **diseños atractivos y funcionales** orientados al usuario final. De este modo, la empresa puede diferenciar sus productos en el mercado sin necesidad de desarrollar invenciones completamente nuevas, aprovechando el valor del diseño y de la experiencia de uso como factores competitivos.

La patente como un medio, no como un fin

Es fundamental entender que una patente, por sí sola, no garantiza el éxito. No debe considerarse un objetivo final, sino una herramienta para obtener una ventaja competitiva real en el mercado. Por mucho que se utilicen las estadísticas de patentes solicitadas como indicador de innovación, el verdadero valor de una patente reside en su explotación efectiva, es decir, es su capacidad para dar lugar a productos comercializados bajo un régimen de exclusividad garantizando un nicho de mercado propio.

Una patente que no se explota se convierte en un mero pasivo: acumula pagos de tasas sin generar retorno. Su valor solo se materializa si da lugar a ingresos, ya sea mediante producción directa, licencias o cesión a terceros. En este sentido, no sirve de mucho acumular patentes académicas que inflan currículos, se registran con fines publicitarios o responden a los objetivos formales de un proyecto de I+D, pero que acaban abandonadas pocos años después.

Las patentes que verdaderamente deben fomentarse son aquellas que protegen soluciones sólidas, orientadas a necesidades reales del mercado y con una aplicación práctica clara. No se trata de cantidad, sino de eficacia, impacto y valor añadido.

Por último, conviene señalar que los datos sobre patentes en uso o licenciadas no suelen estar disponibles en registros públicos, por lo que no resulta fácil evaluar su impacto real. Estamos acostumbrados a oír hablar de las patentes generadas o registradas como parte del historial de una persona o institución, pero no debemos confundir este proceso con el de la publicación científica, donde la difusión representa la culminación del trabajo.

Registrar una patente es solo el primer paso, a partir de ahí, comienza la tarea de gestionarla y explotarla. Por eso, más que preguntar cuántas patentes posee una persona o una entidad, deberíamos interesarnos por saber qué se ha hecho con ellas y si han llegado efectivamente al mercado.

5.2. DERECHOS Y OBLIGACIONES DERIVADOS DE LA PATENTE A SU TITULAR

Las patentes no otorgan un derecho positivo a utilizar una invención, sino un derecho negativo: es decir, el titular de una patente no recibe una autorización automática para explotar comercialmente su invención, sino que adquiere la facultad legal de impedir que terceros la fabriquen, utilicen, vendan o importen sin su consentimiento. En consecuencia, aun cuando una invención esté patentada, su explotación tiene que observar siempre que no se infrinjan los derechos de otras patentes o requerir el cumplimiento de otras normativas —como regulaciones sanitarias, de seguridad o ambientales— antes de su comercialización.

El valor principal de una patente reside en ese poder de exclusión, que protege y empodera al inventor frente a la competencia y le permite negociar licencias o explotar en exclusiva su innovación durante el período de vigencia del derecho.

El sistema de patentes se fundamenta en un acuerdo básico entre el Estado y el solicitante: a cambio de divulgar públicamente los detalles técnicos de su su invención, de explotar la invención y mantener vigente el derecho, el Estado concede al titular de la explotación exclusiva por un plazo limitado, generalmente veinte años. Durante ese tiempo, el titular puede fabricar, usar, vender o licenciar su invención, y ejercer acciones legales contra quienes la utilicen sin su autorización.

Este pacto busca equilibrar dos intereses fundamentales: por un lado, incentivar la innovación, ofreciendo una recompensa temporal; por otro, fomentar el avance del conocimiento técnico, garantizando que la información contenida en la patente esté disponible para el conjunto de la sociedad. Así, lo que inicialmente sería secreto se convierte en un recurso valioso para la comunidad científica, técnica y empresarial.

Los derechos conferidos por una patente no se aplican en ciertos supuestos específicos, entre los que se incluyen:

- El uso privado y sin fines comerciales.
- El uso con fines experimentales relacionados con la invención.
- La realización de estudios y ensayos necesarios para la obtención de autorizaciones de medicamentos, tanto en España como en otros países.
- La preparación puntual de medicamentos en farmacias, conforme a la prescripción médica individualizada.

El titular de una patente debe cumplir con una serie de obligaciones esenciales para conservar su derecho:

- Explotar la invención: el titular está obligado a poner en práctica la invención, ya sea mediante su fabricación o comercialización. Si no lo hace, terceros interesados pueden solicitar una licencia obligatoria, salvo que existan causas legítimas, como dificultades objetivas de carácter técnico o legal, ajenas a la voluntad y a las circunstancias del titular, que hagan imposible la explotación del invento o impidan que esta explotación sea mayor de lo que efectivamente es.
- Divulgar el contenido técnico: como parte del proceso de concesión, el titular debe describir detalladamente la invención en la solicitud, lo que permite que el conocimiento técnico quede accesible para la comunidad científica e industrial. Esto contribuye al progreso tecnológico y evita duplicidades en la investigación.
- Pagar las tasas de mantenimiento: para conservar la validez de la patente, es imprescindible abonar periódicamente las tasas anuales de mantenimiento establecidas por la oficina de patente competente. Estas tasas suelen incrementarse con el tiempo, y su impago puede dar lugar a la caducidad anticipada del derecho, dejando la invención sin protección jurídica.

5.3. ¿DÓNDE PATENTAR?

A la hora de decidir dónde patentar una invención, es fundamental tener en cuenta que las patentes implican un coste elevado y que su protección es territorial, lo que significa que únicamente surten efecto en los países donde hayan sido concedidas. Por ello, es necesario seleccionar cuidadosamente el ámbito geográfico en el que se desea obtener protección.

Para tomar esta decisión de forma estratégica, conviene analizar dónde existen mayores probabilidades de comercialización del producto, identificando los mercados prioritarios en función de productos similares ya existentes y también dónde se van a fabricar el producto para que, si hay filtraciones, la tecnología pueda estar protegida. También es crucial evaluar los costes asociados al registro de la patente en cada territorio, en relación con el presupuesto disponible.

Asimismo, deben considerarse otros factores clave, como:

- La ubicación de los principales competidores.
- El país o región donde se prevé fabricar o distribuir el producto.
- Las dificultades jurídicas o prácticas que puedan surgir a la hora de hacer valer los derechos de patente en determinados países.

Todo esto permite optimizar la inversión y reforzar la seguridad jurídica de la protección obtenida, alineando los esfuerzos de patentabilidad con los objetivos comerciales de la empresa o entidad titular.

Los expertos en comercio internacional señalan que, desde que se inicia el estudio de la internacionalización de un producto hasta que se protege la propiedad industrial en los países de destino, puede transcurrir aproximadamente un año. Este período se dedica a analizar la viabilidad del mercado y la libertad de operación, es decir, a verificar que el producto no infringe patentes o derechos previos y a evitar así posibles conflictos legales.

5.4. ALGUNOS EJEMPLOS DE CONFLICTOS DE PATENTES

Es importante entender que los derechos conferidos por una patente y la protección que esta ofrece no dependen del solicitante, sino de criterios técnicos objetivos, como la novedad y la actividad inventiva. Sin embargo, los recursos para hacer valer esos derechos varían considerablemente entre una pequeña empresa y una gran corporación. Aun así, una patente bien planteada y correctamente tramitada tiene la misma validez jurídica para una multinacional como Apple que para un pequeño taller local.

En los últimos años hemos sido testigos de numerosos litigios por patentes entre grandes empresas tecnológicas. Algunos casos recientes ilustran cómo estos conflictos forman parte de las estrategias empresariales para proteger la innovación y reforzar la posición competitiva:

- En 2024, la *startup* Xockets demandó a Nvidia y Microsoft por infracción de patentes relacionadas con unidades de procesamiento de datos (DPU), acusándolas además de prácticas anticompetitivas.
- Microsoft fue condenada a pagar 242 millones de dólares a IPA Technologies por infringir una patente vinculada a su asistente virtual Cortana.
- Apple fue acusada por Massimo de infringir patentes sobre sensores de oxígeno en sangre utilizados en el Apple Watch, lo que derivó en una orden de suspensión temporal de ciertos modelos.
- En España, la Audiencia de Barcelona ordenó la retirada del mercado de un genérico del medicamento Apixabán, restaurando así el monopolio de Bristol Myers Squibb, con un impacto económico significativo sobre la sanidad pública.
- También en España, en 2025, un tribunal autorizó a varios laboratorios a continuar vendiendo genéricos del medicamento oncológico Nexavar, tras declarar inválida la patente de Bayer por falta de innovación.

Estos casos demuestran que las disputas por patentes no solo son frecuentes, sino que pueden tener consecuencias económicas y estratégicas considerables. Y aunque las grandes corporaciones disponen de más medios para afrontar litigios complejos, las patentes siguen siendo una herramienta poderosa para cualquier empresa que apueste por la innovación.

Conviene recordar que ningún fabricante es completamente autosuficiente: la mayoría son a la vez proveedores y clientes tecnológicos entre sí. Un ejemplo paradigmático es Apple, cuyo marketing ha logrado consolidar una imagen de innovación radical. No obstante, su éxito con el iPhone —aunque pionero como producto integrado— no partió de cero: Samsung, por ejemplo, ha sido proveedor de sus pantallas y chips en distintas etapas. Esta realidad pone de manifiesto cómo la interdependencia tecnológica puede coexistir con los litigios legales por patentes.

Por tanto, las diferencias entre grandes y pequeñas empresas no radican en la validez de las patentes, sino en la estrategia y los recursos disponibles para protegerlas y explotarlas. Siempre que se trabaje con innovación, resulta esencial tener en cuenta los siguientes aspectos:

- Realizar una búsqueda previa exhaustiva del estado de la técnica y de lo que está protegiendo los competidores más cercanos.
- Redactar adecuadamente la solicitud, con una descripción clara y reivindicaciones precisas.
- Ampliar la protección al ámbito geográfico relevante.
- Establecer una vigilancia activa para detectar posibles infracciones.

Aplicar correctamente estas medidas puede situar a cualquier titular de una patente al nivel de los grandes operadores económicos, incluso en entornos altamente competitivos.

Ahora bien, la vigilancia activa es una responsabilidad ineludible del titular. La protección que brinda una patente no es automática ni se aplica de oficio: corresponde al titular detectar y actuar ante cualquier uso no autorizado de su invención, ya sea en forma de fabricación, venta o distribución.

Solo mediante una vigilancia constante y una actuación decidida podrá el titular defender su inversión, preservar su ventaja competitiva y mantener el control sobre el mercado en relación con su invención.

5.5. FRACTUS Y LA INNOVACIÓN EN EL DISEÑO DE ANTENAS PARA LA TELEFONÍA MÓVIL

Fractus es una empresa fundada en 1999 en Barcelona por Rubén Bonet, Carles Puente Baliarda y otros socios vinculados a la Universidad Politécnica de Cataluña. Desde sus inicios, la compañía se especializó en el desarrollo de tecnologías innovadoras aplicadas a la miniaturización de componentes electrónicos, con un enfoque particular en las antenas utilizadas en dispositivos móviles.

Fractus introdujo una tecnología disruptiva basada en la geometría fractal, aplicada al diseño de antenas para teléfonos móviles. Esta innovación permitió crear antenas compactas, multibanda y capaces de operar en múltiples frecuencias simultáneamente, lo que representó un avance clave en la evolución de los dispositivos móviles.

Hasta entonces, los teléfonos móviles solían incorporar antenas externas, que resultaban voluminosas, frágiles y poco estéticas. Ya fueran retráctiles o fijas, estas antenas sobresalían del dispositivo, dificultando la integración con diseños más delgados y elegantes. Además, las antenas tradicionales estaban limitadas a una sola frecuencia, lo que impedía combinar funciones como llamadas, conexión a internet o GPS sin comprometer el tamaño y el diseño.

La tecnología desarrollada por Fractus resolvió este problema mediante la aplicación de principios matemáticos de la geometría fractal. Gracias a ello, las antenas pudieron miniaturizarse e integrarse por completo dentro del dispositivo, eliminando la necesidad de antenas externas visibles. Esta innovación permitió fabricar teléfonos más delgados, ligeros y funcionales, capaces de operar simultáneamente en múltiples bandas de frecuencia, algo esencial para los smartphones modernos, que requieren conexiones GSM, 3G, WiFi, Bluetooth, GPS, entre otras.

La relevancia de esta tecnología radica en su capacidad para transformar un elemento estructural del diseño móvil, posibilitando la eliminación de antenas externas sin sacrificar rendimiento ni conectividad. Gracias a la solución proporcionada por Fractus, la antena interna se convirtió en un componente clave, lo que permitió a los fabricantes diseñar teléfonos más estéticos, compactos y cómodos de utilizar.

Desde el principio, Fractus protegió su innovación mediante una estrategia sólida de propiedad industrial. La empresa adoptó una política activa de patentes que le permitió construir una cartera robusta a nivel internacional. Según datos de 2020, Fractus contaba con 42 familias de patentes, que sumaban un total de 199 patentes nacionales concedidas en mercados clave como Europa, Estados Unidos, China, Japón, Corea, India, Rusia, Brasil y México.

Esta protección fue decisiva en su estrategia empresarial, al permitirles defender sus derechos frente a grandes fabricantes que pudieran emplear su tecnología sin autorización. Además de recurrir a litigios cuando fue necesario, Fractus supo monetizar su innovación mediante la concesión de licencias a terceros, lo que permitió reinvertir en investigación, mantener su independencia y expandir su influencia en la industria móvil.

Este caso demuestra cómo una pequeña empresa puede transformar una idea innovadora en un activo comercial valioso mediante una estrategia eficaz de propiedad intelectual y una adecuada adaptación al mercado. La tecnología de antenas fractales de Fractus no solo permitió el desarrollo de teléfonos móviles más compactos y versátiles, sino que marcó un antes y un después en la historia del diseño y la funcionalidad en la telefonía móvil, estableciendo un nuevo estándar tecnológico a escala internacional.

Consulta el artículo completo publicado por la Oficina Europea de Patentes (EPO):

https://link.epo.org/elearning/sme_case_study_fractus_en.pdf

5.6. DIFERENCIA ENTRE PATENTE Y MODELO DE UTILIDAD

Tradicionalmente se ha sostenido que la principal diferencia entre una patente y un modelo de utilidad radica en el nivel de exigencia de la actividad inventiva. Sin embargo, esta afirmación resulta discutible a la luz de la legislación vigente, que no establece diferencias sustanciales en cuanto a los requisitos técnicos exigidos para cada modalidad. En la práctica, los criterios de novedad, actividad inventiva y aplicación industrial son equivalentes en ambos casos. Es cierto que, según un análisis detallado de la normativa en vigor, el listón de la actividad inventiva exigible para los modelos de utilidad es algo más bajo que para las patentes. No obstante, ello no basta para concluir que obtener la protección de un modelo de utilidad sea necesariamente más fácil que la de una patente.

Según la normativa en vigor no pueden protegerse como modelo de utilidad las invenciones que consistan en procedimientos, métodos o usos, ya que este tipo de protección se reserva únicamente para aparatos, dispositivos o productos que aporten una mejora práctica en su estructura o funcionamiento. En cambio, las patentes sí pueden proteger tanto productos como procedimientos, así como usos nuevos de sustancias o materiales conocidos. Por ejemplo, las soluciones digitales como las invenciones implementadas por ordenador solo pueden ser protegidas mediante una patente.

Por tanto, la verdadera diferencia se encuentra en el procedimiento de tramitación, así como en aspectos formales y económicos, tales como el coste, la duración de la protección —diez años para el modelo de utilidad frente a veinte para la patente— y, sobre todo, la ausencia de examen previo de novedad en el caso del modelo de utilidad. Por tanto, la diferencia no reside tanto en la calidad técnica de la invención, sino en el alcance jurídico de la protección y en la robustez del procedimiento que la sustenta.

Las tasas asociadas a la tramitación de una patente en España son significativamente más elevadas que las de un modelo de utilidad. Por ejemplo, el coste total de una patente puede alcanzar aproximadamente 1.008,55 €, incluyendo las tasas de solicitud, el Informe sobre el Estado de la Técnica (IET) y el examen sustantivo, aplicando un descuento del 15 % por presentación electrónica. En cambio, la solicitud de un modelo de utilidad tiene un coste notablemente inferior, en torno a 86,17 €, también con descuento por vía electrónica (datos de la OEPM).

Esta diferencia económica responde a que, en el procedimiento del modelo de utilidad, no se elabora el IET ni se realiza un examen sustantivo por parte de la Oficina Española de Patentes y Marcas (OEPM). Es decir, no se lleva a cabo una búsqueda oficial de antecedentes ni se evalúa previamente la patentabilidad de la invención. Esto hace que también los tiempos medios de concesión sean diferentes, mientras que el modelo de utilidad es un derecho rápido (6-8 meses) y la tramitación de una patente se dilata en el tiempo (22-24 meses de media).

No obstante, es práctica común pedir un IET para el ejercicio de acciones legales encaminadas a dar efectividad a los derechos en exclusiva derivados de un modelo de utilidad, es precioso que se haya obtenido o solicitado previamente el IET (Art. 148.3 Ley 24/2015). Como consecuencia, aunque el modelo de utilidad constituye una vía más rápida y económica para obtener protección, también implica un mayor riesgo jurídico, ya que su validez puede ser cuestionada posteriormente si se demuestra que no cumplía con los requisitos legales.

En definitiva, un modelo de utilidad sin un IET o un informe de patentes oficial que pruebe su novedad puede compararse con colgar un cartel de «Cuidado con el perro» sin que nadie haya comprobado si el perro existe realmente. No representa, en la práctica, la vía más sólida para obtener derechos que puedan ejercerse eficazmente. Aunque puede tener cierto valor estratégico o de marketing, su utilidad jurídica es limitada.

A diferencia de la patente, que se acompaña de un Informe sobre el Estado de la Técnica (IET) y se concede tras superar un examen de los requisitos de novedad y actividad inventiva, en el modelo de utilidad no existe ningún filtro técnico previo. Nadie comprueba si hay antecedentes que puedan invalidar la invención. Esto deja la puerta abierta a futuras impugnaciones, especialmente si terceros encuentran referencias previas que cuestionen la validez del derecho concedido.

Llevado al extremo, si alguien presentara como modelo de utilidad una rueda redonda que gira, redactara adecuadamente la memoria, pagara las tasas y no recibiera oposición durante el plazo legal, es muy probable que el título se concediera. Lo que se pueda hacer después con ese derecho ya es otra cuestión, y lo cierto es que su eficacia jurídica y comercial suele ser bastante limitada.

5.7. PROTECCIÓN JURÍDICA DE LAS VARIEDADES VEGETALES Y LAS TOPOGRAFÍAS DE SEMICONDUCTORES

Más allá de las tradicionales patentes y modelos de utilidad, existen figuras jurídicas específicas que atienden a la particularidad de ciertos objetos tecnológicos y biológicos. Entre ellas destacan las variedades vegetales y las topografías de semiconductores, dos ámbitos en los que la innovación y la protección legal se cruzan de manera esencial para sectores estratégicos como la agricultura y la microelectrónica.

Variedades vegetales

La protección de las variedades vegetales surge de la necesidad de reconocer y fomentar la labor de los obtentores o criadores de nuevas plantas. Tradicionalmente, la mejora genética vegetal era un proceso largo y artesanal, basado en el conocimiento acumulado durante generaciones de agricultores. Con el avance de la ciencia y la tecnología, la creación de nuevas variedades con características superiores se ha convertido en una actividad científica y comercial que requiere protección específica.

Las variedades vegetales son nuevas variedades de plantas que presentan características diferenciadas, estables y uniformes, y cuya obtención se considera un logro técnico del obtentor. Su protección se concede mediante un título de obtentor, que confiere derechos exclusivos sobre la producción, reproducción y comercialización de la variedad. En la Unión Europea, las solicitudes pueden registrarse ante la Oficina Comunitaria de Variedades Vegetales (CPVO, por sus siglas en inglés), mientras que a nivel nacional se tramitan en las oficinas competentes de cada país, como la OEPM en España. El procedimiento de registro incluye la presentación de una solicitud formal, la descripción completa de la variedad y ensayos de distintividad, homogeneidad y estabilidad (DHE). Las tasas dependen del tipo de planta y del alcance de la protección solicitada, y la protección tiene territorialidad, siendo válida únicamente en el ámbito del país o de la UE, según corresponda, con una duración máxima de 25-30 años según la especie.

Legalmente, las variedades vegetales deben ser **nuevas**, **distinguibles**, **homogéneas** y **estables** para poder ser protegidas. A través de los derechos de obtentor, que suelen otorgarse por un período de entre 20 y 25 años, según la especie, se concede al titular el derecho exclusivo a reproducir, vender y comercializar la variedad. Este sistema busca equilibrar los intereses del criador con el bien común, permitiendo el acceso a la biodiversidad y fomentando la innovación agrícola.

El impacto práctico de esta protección es enorme, ya que impulsa la mejora genética para obtener cultivos más resistentes a enfermedades, más productivos o adaptados a condiciones ambientales adversas, contribuyendo así a la seguridad alimentaria mundial. Un ejemplo claro es el desarrollo de variedades mejoradas de trigo y arroz que han permitido aumentar la producción en regiones con climas desfavorables y responder a la competencia comercial.

Topografías de semiconductores

Las topografías de semiconductores constituyen un ámbito de innovación tecnológica vinculado al avance de la microelectrónica y la electrónica moderna. El término topografía se refiere al diseño tridimensional de las capas y elementos que forman los circuitos integrados, es decir, la configuración física que permite el correcto funcionamiento de los chips.

Las topografías de semiconductores protegen la disposición tridimensional de los elementos en un circuito integrado, que constituye un resultado creativo del diseñador y es susceptible de explotación económica. En Europa, estas topografóas pueden registrarse ante la Oficina de Propiedad Intelectual de la Unión Europea (EUIPO), mientras que en España se tramitan a través de la OEPM. El procedimiento de registro exige la presentación de una solicitud formal acompañada de representaciones gráficas o descripciones precisas de la topografía, y la Oficina verifica que cumpla los requisitos de originalidad y novedad. Las tasas varían según el número de topografías y las opciones de publicación o aplazamiento que se soliciten, y la protección tiene territorialidad, siendo válida únicamente en los países en los que se haya registrado. La duración máxima de protección es de 10 años, con posibilidad de prórroga hasta 15 años desde la primera explotación comercial.

Dado que esta innovación no encaja del todo en los esquemas tradicionales de patente, se creó una figura jurídica *sui generis* que protege estos diseños específicos. La protección abarca tanto la reproducción como la comercialización no autorizada de chips que copien dicha topografía, garantizando al creador la exclusividad durante un período limitado, generalmente de 10 años.

Este sistema es crucial para la industria tecnológica, ya que los circuitos integrados son la base de la informática, las telecomunicaciones y una multitud de dispositivos electrónicos. Sin esta protección, la inversión en investigación y desarrollo (I+D) de nuevos diseños se vería comprometida, afectando la competitividad y la innovación en uno de los sectores más dinámicos de la economía global.

5.8. LA IMPORTANCIA DE LAS REIVINDICACIONES DENTRO DE UNA PATENTE

La expresión «the name of the game is the claim» constituye un principio fundamental en el derecho de patentes. Aunque suele atribuirse al juez Giles S. Rich, figura destacada en la jurisprudencia estadounidense, yo la escuché por primera vez hace más de veinte años de boca de Pascual Segura, referente nacional en materia de protección de patentes. Esta frase resume con claridad que las reivindicaciones (*claims*) son el núcleo que determina el alcance legal de una patente. En otras palabras, no se protege todo lo descrito en la memoria, sino solo aquello que se define expresamente en las reivindicaciones.

Las reivindicaciones establecen los límites exactos de la protección legal conferida por la patente. En caso de litigio por infracción o examen de validez, los tribunales se centran en interpretar su contenido para determinar si una tecnología concreta está o no amparada por el título. No importa cómo sea el producto o el proceso en términos generales, lo protegido legalmente será únicamente lo que se incluya en las reivindicaciones.

De hecho, la validez y alcance del derecho de exclusiva dependen directamente de su redacción. Pocos títulos jurídicos están tan condicionados por la precisión lingüística como una patente. De ahí que su formulación deba ser cuidadosa, técnica y jurídicamente sólida, ya que de ella depende la eficacia de la protección.

Estructura y características de las reivindicaciones

1 Naturaleza jurídica

Las reivindicaciones deben ser claras, concisas y basarse en la descripción, y se presentan siempre en una hoja independiente, posterior a la memoria descriptiva. Estas reivindicaciones deben seguir el principio de la unidad de invención, es decir, el objeto técnico específico para el cual se solicita la protección. La unidad de invención asegura que cada solicitud se refiera a un único concepto inventivo, permitiendo evaluar de manera precisa la novedad, actividad inventiva y aplicabilidad industrial de la invención.

2 Estructura general

Según el artículo 7 del Reglamento de ejecución de la Ley 24/2015, de 24 de julio, de Patentes, cada reivindicación se compone de dos partes:

- Preámbulo: presenta el objeto de la invención e incluye las características técnicas conocidas, necesarias para contextualizar el invento.
- Parte caracterizadora: introducida por fórmulas como «caracterizado por», «que comprende», o «que consiste en», expone las características técnicas nuevas que definen la invención.

3 Importancia del lenguaje

Expresiones como «que comprende» o «que contiene» permiten que se incluyan otros elementos adicionales. Por el contrario, usar «que consistente en» restringe estrictamente la protección a los elementos mencionados en el texto, excluyendo otros.

4 Tipos de reivindicaciones

- Independientes: recogen todos los elementos esenciales de la invención.
- Dependientes: describen variantes o realizaciones particulares, añadiendo características específicas. Son opcionales y deben numerarse correlativamente, indicando de cuál reivindicación dependen.

5 Normas de redacción

No deben hacer referencia a la descripción ni a los dibujos, salvo necesidad justificada. Si se incluyen figuras, se indican los números entre paréntesis, correspondientes a los elementos técnicos descriptivos.

Ejemplo de reivindicación

A continuación, se presenta un ejemplo típico de redacción de reivindicaciones para un producto, en este caso un peine para tratamiento capilar. Se observa claramente la división entre el preámbulo (definición general del objeto) y la parte caracterizadora (elementos técnicos novedosos). También se incluyen reivindicaciones dependientes que complementan la principal:

1. *Peine para tratamiento de cabellos, que puede utilizarse como peine convencional, formado por un cuerpo principal (1), un mango (6) y dotado al menos de dos púas (3) caracterizado por que presenta:*
   - *un depósito para albergar un producto de tratamiento conectado con las púas (3) que son huecas y presentan un orificio (4) de salida del producto*
   - *medios de impulsión del producto que posibilitan la salida del mismo por los orificios (4) de las púas.*
2. *Peine para tratamiento de cabellos según reivindicación 1 en el que los medios de impulsión del producto consisten en unas zonas flexibles (8) localizadas en el mango (6) rodeadas de una parte de naturaleza rígida (7) del propio mango y determinantes de que la presión ejercida sobre las mismas se transmita al depósito del cuerpo principal (1) bombeando el producto que allí se encuentra facilitando su salida por los orificios (4) de las púas de manera controlada.*
3. *Peine para tratamiento de cabellos según reivindicación 1 caracterizado por que el depósito que alberga el producto de tratamiento es un cartucho (9) recambiable y/o recargable.*

5.9. CONCEPTO DE PRIORIDAD

El derecho de prioridad es un concepto fundamental en el sistema internacional de patentes. Su origen se encuentra en el Convenio de la Unión de París de 1883, tratado internacional suscrito por numerosos países para armonizar los aspectos esenciales de la propiedad industrial.

En virtud de este principio, el titular de una invención que haya presentado una solicitud de patente en uno de los países firmantes dispone de un plazo de doce meses para presentar solicitudes equivalentes en otros Estados miembros, beneficiándose de la misma fecha de presentación que la solicitud original.

Este mecanismo resulta especialmente valioso para quienes desean proteger su invención a escala internacional, ya que impide que solicitudes presentadas por el titular o por terceros durante ese período en otros países afecten negativamente a la novedad de la invención. Las solicitudes posteriores se considerarán, a efectos jurídicos, como si hubieran sido presentadas en la misma fecha que la solicitud inicial, lo que permite al titular preservar sus derechos sin perder prioridad frente a competidores.

Para que este derecho tenga validez, es imprescindible que tanto el país de presentación inicial como los países en los que se desea extender la protección sean miembros del Convenio de París. Solo en ese marco se reconoce y respeta formalmente el derecho de prioridad.

Utilidad estratégica del derecho de prioridad

Uno de los principales beneficios de este derecho es el margen de tiempo que concede al solicitante. Durante los doce meses de prioridad, el titular puede adoptar decisiones estratégicas basadas en criterios técnicos, comerciales o financieros. Por ejemplo:

- Evaluar la viabilidad técnica de la invención.
- Analizar su potencial de mercado.
- Estudiar su patentabilidad en otras jurisdicciones.
- Buscar financiación mediante inversores o acuerdos de licencia.
- Recabar presupuestos para la presentación internacional.

Aunque este plazo está garantizado, se recomienda no agotarlo innecesariamente una vez tomada la decisión de extender la protección, ya que anticipar la presentación puede agilizar la tramitación y evitar riesgos derivados de errores administrativos o retrasos imprevistos.

En resumen, el derecho de prioridad constituye una herramienta estratégica esencial en el ámbito de la propiedad industrial. Al otorgar un año de protección adicional, permite planificar cuidadosamente la expansión internacional de los derechos de patente sin perder la protección que da la fecha de presentación original frente a terceros. Su correcta utilización es un elemento clave dentro de cualquier estrategia eficaz de protección de la innovación.

5.10. EL PROCEDIMIENTO DE CONCESIÓN DE UNA PATENTE DE ÁMBITO NACIONAL EN ESPAÑA (VÍA OEPM)

El procedimiento para obtener una patente en España se tramita a través de la Oficina Española de Patentes y Marcas (OEPM) y consta de varias fases regladas. A continuación, se describen los pasos principales:

1 Presentación de la solicitud

La solicitud debe presentarse ante la OEPM e incluir los siguientes elementos:

- Una descripción detallada de la invención.
- Las reivindicaciones, que delimitan el alcance de la protección solicitada.
- Dibujos explicativos, si son necesarios para comprender la invención.
- Un resumen técnico, que sintetiza los aspectos fundamentales del invento.
- El comprobante de pago de la tasa de presentación.

La solicitud puede presentarse en papel, en los sitios y medios que establece la Ley de Patentes, o a través de la sede electrónica de la OEPM. Si toda la documentación es correcta, la OEPM asigna una fecha oficial de presentación, que será clave para determinar la prioridad de la invención.

2 Examen formal

En esta fase, la OEPM verifica que la solicitud cumple los requisitos formales:

- Que se haya presentado toda la documentación obligatoria.
- Que se haya abonado la tasa correspondiente.
- Que el contenido sea técnicamente suficiente.

Si se detectan defectos formales, se otorga un plazo para su subsanación.

3 Publicación de la solicitud

Transcurridos 18 meses desde la fecha de presentación (o desde la fecha de prioridad, si se reivindica), la solicitud se publica en el Boletín Oficial de la Propiedad Industrial (BOPI), haciéndose accesible a terceros.

A partir de ese momento, la invención deja de ser secreta y pasa al dominio público a efectos informativos, aunque el derecho de exclusividad aún no ha sido concedido.

4 Informe sobre el Estado de la Técnica (IET) y opinión escrita

La OEPM elabora un IET, que identifica documentos anteriores que puedan afectar a la novedad o a la actividad inventiva de la invención. Este informe se acompaña de una opinión escrita sobre la posible patentabilidad de la solicitud, mencionando cada una de las reivindicaciones y su afectación.

El IET suele emitirse dentro de los 15 meses siguientes a la fecha de presentación o prioridad. Por calidad del servicio la OEPM se compromete a elaborarlo antes de los doce meses para valorar adecuadamente la posibilidad de internacionalizar la patente. Si la documentación se presenta adecuadamente y los técnicos pueden iniciar su trabajo en cuanto se solicita, puede ser habitual recibir el IET entre los 6 y los 10 meses. Tras recibir el IET, el solicitante puede:

- Presentar observaciones o modificaciones en respuesta al informe.
- Adaptar las reivindicaciones para superar posibles objeciones.

5 Examen sustantivo

La solicitud de examen sustantivo es obligatoria para que la OEPM pueda conceder la patente. Este examen evalúa en profundidad si cada una de las reivindicaciones de la patente de invención cumple los tres requisitos esenciales:

- Novedad.
- Actividad inventiva.
- Aplicación industrial.

La solicitud de examen y el pago de la tasa correspondiente deben realizarse en el plazo de tres meses desde la publicación del IET. Si no se solicita, la OEPM considerará que la solicitud ha sido retirada.

6 Resolución: concesión o denegación

En función del resultado del examen sustantivo:

- Si se cumplen los requisitos, la OEPM concede la patente.
- Si no se cumplen, la solicitud podrá ser denegada total o parcialmente. En ese caso, el solicitante tiene derecho a presentar alegaciones o recursos administrativos.

7 Publicación de la concesión

La resolución de concesión se publica en el BOPI y se emite el título oficial de la patente. A partir de ese momento, el titular adquiere derechos de exclusividad para impedir que terceros exploten comercialmente la invención sin su consentimiento. El tiempo medio de concesión de una patente puede situarse en unos 22-24 meses.

8 Mantenimiento

Para que la patente mantenga su validez durante los veinte años de protección, es necesario:

- Abonar las tasas anuales de mantenimiento.
- Evitar su caducidad por impago o renuncia expresa.

El derecho puede extinguirse anticipadamente si no se abona alguna de las anualidades dentro del plazo legal.

Es importante **recordar que los plazos para el pago de las tasas** de una patente o de un modelo de utilidad **se calculan desde la fecha de presentación de la solicitud**, y **no desde la fecha de concesión**. Esto significa que los plazos administrativos comienzan a contarse desde el momento en que la solicitud se presenta oficialmente ante la oficina de patentes, con independencia del tiempo que se tarde en conceder el derecho.

5.11. PROTECCIÓN INTERNACIONAL DE LAS INVENCIONES: PCT, PATENTE EUROPEA Y PATENTE UNITARIA

Procedimiento de Solicitud Internacional PCT

El Tratado de Cooperación en materia de Patentes (Patent Cooperation Treaty, PCT) permite proteger una invención en múltiples países mediante una única solicitud internacional. En España, la OEPM actúa como Oficina Receptora, Administración de Búsqueda Internacional y Administración de Examen Preliminar Internacional, lo que facilita el procedimiento para solicitantes con residencia o nacionalidad española.

Es importante subrayar que el procedimiento PCT no otorga una patente internacional, sino que simplifica la tramitación en los países designados, proporcionando informes y opiniones técnicas que permiten al solicitante valorar la viabilidad de obtener protección efectiva en cada jurisdicción.

Existe una regla mnemotécnica popular que interpreta las siglas PCT como «Para Comprar Tiempo», lo que resume uno de sus principales beneficios: extender el plazo de prioridad de los doce meses iniciales hasta un total de treinta meses desde la primera solicitud antes de entrar en las fases nacionales o supranacionales seleccionadas en el petitorio. Esta ampliación permite tomar decisiones con mayor conocimiento de causa, realizar estudios de mercado, buscar inversores o evaluar la viabilidad técnica y comercial de la invención antes de decidir en qué países continuar con la tramitación nacional.

Fases del procedimiento PCT:

1 Presentación de la solicitud

Cualquier persona física o jurídica con nacionalidad o residencia en España puede presentar una solicitud internacional PCT ante la OEPM, preferiblemente en español si no se reivindica prioridad. La presentación puede hacerse de forma electrónica o en papel.

2 Otorgamiento de fecha de presentación internacional

La OEPM examina si la solicitud cumple con los requisitos mínimos. En caso contrario, concede dos meses para subsanar los defectos. Si todo está en orden, se asigna una fecha oficial de presentación internacional.

3 Verificación de tasas y examen formal

La OEPM verifica el pago de las tasas y realiza el examen formal de la documentación. Una vez validada, remite una copia a la OMPI y otra a la Administración de Búsqueda Internacional.

4 Informe de Búsqueda Internacional (IBI) y opinión escrita

Se realiza una búsqueda sobre documentos anteriores que puedan afectar a la novedad o actividad inventiva. El resultado es el IBI, acompañado de una opinión preliminar escrita sobre la patentabilidad de la invención.

5 Publicación de la solicitud

A los 18 meses desde la fecha de presentación internacional (o de prioridad, si se reivindica), la solicitud se publica en el portal de la OMPI, junto con el IBI, quedando accesible para consulta pública.

6 Examen Preliminar Internacional (opcional)

El solicitante puede solicitar un examen adicional (normalmente sobre una versión modificada de la solicitud), que ofrece un análisis más detallado antes de entrar en la fase nacional. Es opcional, pero recomendable en algunos casos estratégicos.

7 Entrada en fase nacional

A los 30 meses desde la fecha de prioridad, el solicitante debe presentar la solicitud en cada país en el que desee obtener protección. Cada oficina nacional aplicará su propia legislación y requisitos. En España, esto implica iniciar un procedimiento de patente o modelo de utilidad ante la OEPM. Nunca puede haber una doble protección en un país mediante dos vías, una nacional y otra supranacional.

Consideraciones adicionales

Actualmente, 158 países forman parte del sistema PCT. Sin embargo, algunos territorios —como Argentina, Venezuela, Pakistán o Paraguay— no están adheridos, por lo que para proteger una invención en dichos países es necesario presentar solicitudes individuales ante sus respectivas oficinas nacionales.

Costes aproximados

Los costes asociados a una solicitud PCT incluyen:

- Tasas de presentación, transmisión a la OMPI y búsqueda internacional: alrededor de 4.000 €.
- Tasas de entrada en fase nacional (por país): cercanas a 1.000 €.
- Traducciones oficiales (dependiendo del idioma y extensión): entre 1.000 y 2.000 € por país.
- Si se incluye una patente europea, las tasas de designación, búsqueda suplementaria y validaciones superan los 4.000 €.

Por ejemplo, un procedimiento PCT con validaciones en Estados Unidos, Europa (EPO), China, Japón y Brasil puede superar los 15.000 €, dependiendo de la complejidad del documento. Aunque supone una inversión considerable, también permite obtener derechos exclusivos en mercados con un potencial económico muy elevado.

Procedimiento y costes para solicitar una patente europea desde España

El procedimiento para obtener una patente europea está regulado por el Convenio sobre la Patente Europea (CPE) y puede iniciarse desde España, bien a través de la Oficina Española de Patentes y Marcas (OEPM) o directamente ante la Oficina Europea de Patentes (EPO).

Este sistema permite obtener protección unificada en varios países europeos mediante una única solicitud. No obstante, una vez concedida la patente, es necesario realizar la validación en cada uno de los Estados miembros donde se desee mantener la protección. Así, aunque el procedimiento es centralizado, el efecto jurídico es territorial.

1 Presentación de la solicitud

La solicitud puede presentarse electrónicamente a través de la sede electrónica de la OEPM, o directamente ante la EPO. En este segundo caso es necesario permiso expreso a la OEPM si la invención se ha realizado en España. Según el artículo 115 la Ley 24/2015, de Patentes, toda persona física o jurídica que tenga su residencia o domicilio en España y quiera solicitar una patente en el extranjero (incluida la EPO) debe comunicarlo previamente a la OEPM, si la invención se ha realizado en territorio español. Esto se hace por razones de interés nacional y seguridad tecnológica. Aunque pueda redactarse inicialmente en español, es obligatorio traducirla a uno de los idiomas oficiales de la EPO (inglés, francés o alemán) en un plazo de dos meses desde la fecha de presentación. La documentación requerida incluye el formulario de solicitud, una descripción técnica de la invención, las reivindicaciones, un resumen técnico, y los dibujos, si fueran necesarios para la comprensión de la invención.

2 Tramitación ante la EPO

Una vez presentada, la EPO emite un informe de búsqueda europeo acompañado de una opinión preliminar sobre la patentabilidad. La solicitud se publica automáticamente a los 18 meses desde la fecha de presentación o de prioridad. Tras esta publicación, el solicitante dispone de seis meses para solicitar el examen sustantivo. En el caso de haber presentado la solicitud en español, se deberá traducir íntegramente a uno de los idiomas oficiales de la EPO para continuar con el procedimiento.

3 Concesión de la patente

Si la EPO considera que la invención cumple con los requisitos de patentabilidad, se concede la patente europea. Tras la concesión, debe iniciarse el procedimiento de validación nacional en cada país en el que se desea mantener la protección. En el caso de España, la validación consiste en presentar ante la OEPM la traducción al español del texto completo de la patente concedida y pagar la tasa de validación, en un plazo de tres meses desde la publicación de la concesión en el Boletín Europeo de Patentes. Si la solicitud ya se había redactado en español, este trámite no conlleva coste adicional por traducción, aunque generalmente hay cambios entre el documento de solicitud de la patente y el documento de la patente concedida, y en ese caso hay que traducir de nuevo.

4 Oposición y recursos

Cualquier tercero puede presentar una oposición a la concesión en el plazo de nueve meses desde la publicación en el Boletín Europeo. En caso de resolución desfavorable por parte de la EPO, el solicitante podrá interponer un recurso en un plazo de dos meses desde la notificación.

5 Costes de mantenimiento

Para mantener una patente europea en vigor, deben abonarse tasas anuales de mantenimiento a partir del tercer año desde la fecha de presentación. Estas tasas aumentan progresivamente con el tiempo. A modo orientativo:

- Tercer año: 470 €
- Décimo año: 1.150 €
- Últimos años: pueden superar los 1.800 € anuales

Estas tasas deben abonarse por separado en casa país en el que se haya validado la patente.

6 Coste total estimado

El coste total de una patente europea durante sus 20 años de duración legal, validada en los cinco Estados miembros más relevantes de la EPO, puede estimarse en 10.000 €, incluyendo:

- Tasas de presentación, búsqueda y examen.
- Traducciones y validaciones.
- Anualidades en los países designados.
- Gastos variables según número de reivindicaciones, idiomas implicados y países seleccionados.

Una de las ventajas del sistema europeo es que los costes de traducción se difieren hasta el momento de la concesión, lo que permite al solicitante decidir en qué países desea mantener la protección, optimizando así la inversión.

Ventajas estratégicas

Solicitar una patente europea supone una inversión significativa, pero permite obtener protección jurídica armonizada en una amplia zona geográfica mediante un único procedimiento centralizado. Es una opción especialmente recomendable para invenciones con potencial de internacionalización o aplicables a diversos mercados europeos.

La Patente Unitaria: protección europea simplificada... o eso parece

La Patente Unitaria constituye uno de los avances más relevantes en el ámbito de la protección de invenciones en Europa desde la creación de la patente europea. En vigor desde el 1 de junio de 2023, este nuevo sistema busca simplificar, abaratar y unificar la protección de patentes en una gran parte significativa del territorio de la Unión Europea.

¿Qué es la Patente Unitaria?

En realidad, la denominada Patente Unitaria consiste en conceder un efecto unitario a una patente europea ya otorgada, de forma que su protección se extienda automáticamente y de manera uniforme a todos los Estados miembros de la Unión Europea que participan en el sistema.

A diferencia del sistema tradicional, que requiere validar individualmente la patente europea en cada país tras su concesión, el sistema unitario elimina esta obligación, ofreciendo una protección jurídica homogénea sin necesidad de gestiones separadas.

Actualmente, 18 Estados en cooperación reforzada que ya han ratificado los Acuerdos y participan en la Patente Unitaria son: Austria, Bélgica, Bulgaria, Dinamarca, Estonia, Finlandia, Francia, Alemania, Italia, Letonia, Lituania, Luxemburgo, Malta, Países Bajos, Portugal, Rumanía, Eslovenia y Suecia.

De hecho, según el Patent Index 2024 de la EPO, el 50,7 % de las patentes europeas concedidas a solicitantes españoles solicitaron el efecto unitario, superando con creces la media de la UE (25,6 %).

Procedimiento de obtención

Hasta la concesión de la patente europea, el procedimiento es idéntico al habitual. Una vez concedida, el titular dispone de un mes para presentar una solicitud de efecto unitario ante la EPO.

A partir de ese momento, la patente se transforma en patente unitaria, con efectos automáticos en todos los Estados participantes. La EPO se encarga de su administración, gestión de anualidades y mantenimiento, evitando la interacción con múltiples oficinas nacionales.

Ventajas del sistema unitario

Este nuevo modelo presenta varias ventajas destacadas:

- Reducción de costes: mantener una patente unitaria durante 10 años cuesta menos de 5.000 €, frente a los aproximadamente 29.000 € que supondrá su mantenimiento validaciones nacionales en los mismos países.
- Simplificación administrativa: una única solicitud, una sola tasa anual y menos traducciones necesarias.
- Protección uniforme: la patente tiene el mismo alcance y efectos jurídicos en todos los países adheridos.
- Litigios centralizados: el nuevo Tribunal Unificado de Patentes (TUP) resuelve los litigios relacionados de forma coherente y centralizada, evitando procedimientos paralelos en distintos países.

Tribunal Unificado de Patentes (TUP)

El TUP tiene competencia exclusiva sobre las patentes unitarias, y también sobre las patentes europeas tradicionales en los países participantes, salvo que el titular haya optado por su exclusión (*opt-out*). Este tribunal busca ofrecer resoluciones más rápidas, uniformes y eficaces en materia de infracción o validez de patentes.

Limitaciones y situación en España

Pese a sus ventajas, la Patente Unitaria no cubre la totalidad de la Unión Europea. España no ha ratificado el Acuerdo, por lo que las patentes unitarias no tienen efectos jurídicos en territorio español.

Entre las razones oficiales para esta decisión destaca la exclusión del español como idioma oficial del sistema, lo que impone barreras lingüísticas y económicas a los solicitantes españoles. Además, en todos los litigios deben desarrollarse ante el TUP en inglés, francés o alemán.

A ello se suma un factor estructural: según los datos disponibles, la mayoría de los solicitantes son grandes corporaciones multinacionales (Samsung, Huawei, LG, Qualcomm, NVIDIA...), con capacidad para litigar en múltiples jurisdicciones. Esto desincentiva la participación de pymes y solicitantes individuales, que carecen de medios comparables para una defensa efectiva a escala europea.

Conclusión

La Patente Unitaria representa un paso importante hacia una protección más eficiente y armonizada de las invenciones en Europa. Ofrece ventajas económicas y administrativas claras, especialmente en lo relativo o costes de mantenimiento y tramitación.

La patente unitaria ofrece un marco unificado de protección en Europa, con ventajas potenciales en términos de simplificación y costes, pero también con limitaciones que conviene considerar, especialmente para las pymes. El sistema favorece a quienes cuentan con mayores recursos jurídicos y técnicos, ya que la defensa de los derechos puede requerir recursos adicionales para superar barreras lingüísticas y jurisdiccionales.

Por ello, aunque se trata de un avance, su implantación sigue generando debate, especialmente en aquellos Estados, como España, que han optado por mantenerse al margen del sistema por el momento.

5.12. EL VALOR DE LAS PATENTES PARA LA EMPRESA

En el contexto actual, resulta especialmente relevante que las empresas lleven a cabo una valoración adecuada de sus activos intangibles, entre los que destacan las patentes como elementos estratégicos de innovación y competitividad.

Motivos para valorar una patente

El origen de una valoración puede responder a distintas finalidades:

- Comercial: para licenciar o vender el activo.
- Financiera: en operaciones de financiación, fusiones, adquisiciones o constitución de una *joint venture*.
- Legal o fiscal: como prueba o elemento de respaldo en caso de litigio, concurso de acreedores o para justificar precios de transferencia (en estos últimos supuestos, la valoración puede ser obligatoria).

Enfoques de valoración

Existen tres metodologías principales para valorar activos intangibles como las patentes:

- Enfoque basado en costes: valora el activo según los costes incurridos en su creación o adquisición. Es un método útil cuando el activo no ha generado ingresos aun o carece de referencia de mercado.

(continuación...)

- Enfoque de mercado: requiere que exista un mercado activo, público y comparable. Permite establecer el valor en función de transacciones similares, aunque no siempre es aplicable debido a la escasa transparencia de este tipo de operaciones.
- Enfoque basado en ingresos: se fundamenta en el potencial de generación de beneficios futuros del activo. Para aplicarlo, es necesario identificar los ingresos atribuibles a la patente y actualizarlos a valor presente. Su principal limitación es que implica un alto grado de subjetividad y estimación.

Particularidades en la valoración de patentes frente a marcas

Aunque marcas y patentes comparten algunas etapas en los procesos de valoración, existen diferencias significativas. En el caso de las marcas, la valoración suele comenzar con un análisis jurídico del expediente registral, seguido del estudio de los posibles ingresos por licencias (*royalties*) y su posicionamiento en el mercado y en la mente del consumidor.

En el caso de las patentes, a estas etapas se añade una fase específica de vigilancia del entorno tecnológico, que consiste en observar las solicitudes de patentes de terceros y las líneas de investigación de empresas competidoras, especialmente si pone en duda su novedad o su alcance exclusivo.

A diferencia de las marcas, cuyo valor está más ligado al posicionamiento comercial, las patentes están expuestas a factores externos y tecnológicos que pueden influir en su vigencia, alcance y explotabilidad.

IPscore: herramienta gratuita para valorar patentes

En este contexto, merece especial mención la herramienta IPscore, desarrollada por la Oficina Europea de Patentes (EPO). Se trata de una aplicación gratuita que permite evaluar el valor y los riesgos asociados a patentes, tecnologías o proyectos de I+D.

La herramienta se basa en un cuestionario estructurado en cinco áreas clave: estado legal, tecnología, mercado, finanzas y estrategia. Cada aspecto es puntuado y representado gráficamente mediante matrices de riesgo-oportunidad y diagramas tipo radar, lo que facilita la visualización y comparación de resultados.

IPscore funciona como una plantilla de Excel, puede utilizarse offline y es personalizable según las necesidades del usuario. Es especialmente útil para gestionar carteras de patentes y tomar decisiones estratégicas, como priorizar el mantenimiento o la explotación de una familia de patentes frente a otra.

5.13. PATENT BOX E INCENTIVOS FISCALES

El Patent Box es un régimen fiscal especial diseñado para fomentar la innovación empresarial mediante incentivos aplicables a los ingresos obtenidos por la cesión de determinados activos intangibles. A pesar de lo que sugiere su denominación, este régimen no se limita a patentes, sino que también abarca modelos de utilidad, diseños industriales, know-how, software protegido, siempre que esté vinculado a innovación tecnológica y se explote económicamente mediante cesión a tercero y no sea de uso interno, y otros conocimientos técnicos no patentados, siempre que estos sean objeto de cesión o licencien a terceros en el marco de una actividad económica real.

Activos elegibles e inelegibles

Quedan excluidos del régimen los ingresos derivados de: marcas, derechos de autor, derechos de imagen, programas informáticos ni venta o cesión de equipos industriales, comerciales o científicos.

Actualmente, este incentivo está regulado por el artículo 23 de la Ley 27/2014, de 27 de noviembre, del Impuesto sobre Sociedades, en su versión adaptada al estándar internacional Nexus Approach, promovido por la OCDE y la Unión Europea. Este estándar exige que exista vinculación directa entre los gastos de creación del activo y los ingresos obtenidos.

Características principales del Patent Box

- Reducción fiscal: permite aplicar una reducción de hasta el 60 % en la base imponible del Impuesto sobre Sociedades correspondiente a los ingresos netos obtenidos por la cesión del derecho de uso o explotación de los activos intangibles elegibles.
- Limitación territorial: el incentivo no se aplica si el cesionario está domiciliado en un paraíso fiscal.
- Condición de creación: el cedente debe haber contribuido al menos parcialmente a la creación del activo.
- Límite por «nexus ratio»: la base de reducción no puede superar el resultado de multiplicar los costes directos de creación del activo por 1,5.

Pasos para la aplicación del régimen

1. Identificación del activo intangible: patente, modelo de utilidad, diseño industrial o *know-how*.
2. Cálculo de los costes directos de creación asociados del activo.
3. Formalización de contratos de cesión, con condiciones de mercado, precios justificados y documentación de operadores vinculadas si corresponde.
4. Identificación clara de los ingresos obtenidos exclusivamente por la cesión del activo.
5. Conservación de documentación técnica y contable que respalde todos los aspectos de la operación, en previsión de futuras comprobaciones por parte de la Agencia Tributaria.

El control por parte de la Administración Tributaria es a posteriori, lo que exige una preparación documental exhaustivo.

El régimen Patent Box continúa siendo infrautilizado, pese a su capacidad para generar ahorros fiscales significativos en el Impuesto sobre Sociedades. Es especialmente atractivo para empresas innovadoras que estén en condiciones de licenciar o ceder tecnología desarrollada internamente, ya sea como parte de su estrategia de comercialización, de colaboración tecnológica o de internacionalización.

5.14. AYUDAS ESPECÍFICAS PARA EL REGISTRO DE PATENTES

Ayudas de la OEPM para el fomento de las solicitudes de patentes y modelos de utilidad

La Oficina Española de Patentes y Marcas (OEPM) convoca anualmente subvenciones en régimen de concurrencia competitiva para fomentar las solicitudes de patentes y modelos de utilidad, tanto a nivel nacional como internacional. Estas ayudas están dirigidas a pequeñas y medianas empresas (pymes) y a personas físicas residentes en España, con el objetivo de impulsar la protección de invenciones y mejorar la competitividad empresarial mediante la propiedad industrial.

Tipos de ayudas

La convocatoria se estructura en dos programas:

1. Programa para el fomento de solicitudes de patentes y modelos de utilidad en el exterior: busca incentivar la protección internacional de invenciones españolas mediante la presentación de solicitudes en oficinas extranjeras o a través de procedimientos como el Tratado de Cooperación en materia de Patentes (PCT).
2. Programa para el fomento de solicitudes de patentes y modelos de utilidad españoles: está destinado a subvencionar solicitudes nacionales, así como actividades como la presentación de solicitudes, la elaboración de Informe sobre el Estado de la Técnica (IET) y los exámenes.

Actividades subvencionables

Las actividades objeto de subvención pueden incluir:

- Solicitud de patente o modelo de utilidad español.
- Elaboración del IET para modelos de utilidad.
- Solicitud internacional PCT/ES o PCT/IB con prioridad española.
- Solicitud ante la Oficina Europea de Patentes (EPO) o validación de patente europea.
- Solicitud ante oficinas nacionales de países terceros.
- Realización de búsquedas, exámenes sustantivos y concesión de patentes en el ámbito nacional e internacional.

Cuantías de las subvenciones

Las cuantías varían según en función del tipo de actividad y del ámbito geográfico. A continuación, se indican las cantidades de referencia según el Anexo I de la convocatoria de 2025:

- Solicitud internacional PCT con prioridad española ES: 1.250 €
- Solicitud internacional PCT con publicación OMPI (IB) y prioridad española: 1.845 €
- Solicitud de patente europea EPO: 135 €
- Solicitud de patente europea EPO procedente de PCT con informe de búsqueda oficial elaborado por la OEPM: 135 €
- Oficinas nacionales de países terceros:
  - América Central y Sur: 150 €
  - Asia, África u Oceanía: 100 €

(continuación...)

- IET para modelos de utilidad: 594 €
- Solicitud de patente o modelo de utilidad español: 87 €
- IET para patentes españolas: 681 €
- Examen sustantivo para patentes españolas: 594 €

La subvención no podrá superar el 80 % del importe indicado. En el caso de pymes o personas físicas, podrá alcanzar hasta el 90 %.

Requisitos y plazos

- Beneficiarios: personas físicas y jurídicas con residencia y domicilio fiscal en España que cumplan la definición de pyme, conforme al Reglamento (UE) n.º 651/2014.
- Plazo de solicitud: del 2 de abril al 2 de mayo de 2025, ambos inclusive. La convocatoria se abre anualmente, por lo que conviene estar pendiente de su publicación en el BOE y de la información disponible en la web de la OEPM.
- Documentación: facturas o justificantes de pago correspondientes a actividades realizadas entre el 1 de enero y el 31 de diciembre de 2024.

Procedimiento de concesión

La concesión se realizará por concurrencia competitiva, evaluándose las solicitudes según los criterios establecidos en la convocatoria oficial.

Ayudas estatales

1 Reducción de tasas para emprendedores y pymes

Se ofrece una reducción del 50 % en determinadas tasas relacionadas con la tramitación y mantenimiento de patentes nacionales y modelos de utilidad. Afecta a la presentación de solicitudes, petición del IET, examen sustantivo y anualidades 3, 4 y 5. Para beneficiarse, debe acreditarse la condición de emprendedor, mediante documentación, como el alta en el Censo de Empresarios, Profesionales y Retenedores.

2 Bonificación para universidades públicas

Las universidades públicas españolas pueden obtener una bonificación del 50 % en todas las tasas mencionadas. Esta bonificación puede llegar al 100 % si se demuestra la explotación económica real y efectiva de la patente o modelo de utilidad, siempre que se haya producido dentro de los cuatro años desde la solicitud, o dentro de los tres años desde publicación de la concesión.

3 Ayudas de las comunidades autónomas

Según la OEPM, varias comunidades autónomas disponen de programas de subvención o bonificación para apoyar el registro de derechos de propiedad industrial. Estas medidas tienen como fin estimular la innovación y competitividad empresarial. A fecha de esta guía, las comunidades que ofrecen este tipo de ayudas son Aragón, Asturias, Cataluña, Comunidad Valenciana, Galicia, País Vasco y La Rioja.

Cada una establece sus propias bases reguladoras. Para información específica sobre requisitos, plazos y procedimientos, se recomienda consultar las páginas oficiales de los órganos competentes en materia de propiedad industrial de cada comunidad.

5.15. LICENCIAS CONTRACTUALES DE PATENTES

En el ámbito de la propiedad industrial, las patentes constituyen uno de los instrumentos más poderosos para proteger invenciones y fomentar la innovación. No obstante, en muchas ocasiones el titular de una patente no desea o no puede explotar directamente su invención. En este contexto, las licencias contractuales adquieren especial relevancia, ya que permiten que terceros utilicen la invención bajo determinadas condiciones, sin que ello implique una transferencia de propiedad.

La licencia de patente puede entenderse como una forma de «alquiler» de los derechos conferidos por la patente. Se trata de un contrato privado y voluntario entre partes, mediante el cual el titular de la patente (licenciante) autoriza a un tercero (licenciatario) a utilizar la invención protegida, conservando la titularidad de la misma.

Este tipo de contratos ofrece gran flexibilidad y puede adaptarse a las necesidades específicas de las partes, siempre dentro del marco legal aplicable.

Tipos de licencia

Las licencias de patente pueden clasificarse, principalmente en:

- Licencia exclusiva: otorga al licenciatario el derecho exclusivo de explotar la patente en un ámbito determinado (territorial, temporal, sectorial). Incluso el propio titular de la patente queda impedido de explotarla durante la vigencia del contrato. Suele emplearse en colaboraciones estratégicas o proyectos de gran envergadura, donde el licenciatario desea garantizarse el acceso exclusivo al mercado.

(continuación...)

- Licencia no exclusiva: permite al titular conceder licencias a varios licenciatarios de forma simultánea y continuar explotando él mismo la invención. Es el régimen presunto por la ley si no se pacta lo contrario en el contrato.

La relación entre licenciante y licenciatario conlleva una serie de obligaciones recíprocas. Además de establecer claramente quien es el responsable de mantener los derechos y pagar las tasas de renovación, para la adecuada ejecución del contrato hay que definir las siguientes obligaciones:

- Obligación del licenciante: proporcionar toda la información técnica necesaria para implementar la invención e incluir conocimientos no divulgados (*know-how*) relacionados con la patente.
- Obligación del licenciatario: mantener la confidencialidad sobre los conocimientos técnicos y secretos industriales recibidos. Asimismo, no ceder la licencia ni otorgar sublicencias sin consentimiento previo y por escrito del licenciante.

Ejemplo práctico: contrato en proyecto de I+D

Caso: Identificación de genes responsables de enfermedades mediante el estudio de familias afectadas y modelos animales. Tipo de contrato: *Milestone contract* (contrato por certificaciones). Partes involucradas: una gran empresa farmacéutica, que financia el proyecto, y una pequeña empresa tecnológica especializada en investigación genética.

Distribución de derechos de patente

La empresa farmacéutica reserva el derecho a patentar los genes y sus aplicaciones terapéuticas, garantizándose una licencia exclusiva para desarrollar nuevos medicamentos.

La empresa tecnológica conserva los derechos sobre los procedimientos técnicos y los kits de diagnóstico, los cuales podrá licenciar a otros agentes del mercado.

Este tipo de acuerdos refleja cómo las licencias bien diseñadas pueden alinear intereses, promover la innovación y proteger eficazmente los resultados de un proyecto colaborativo.

Por tanto, las licencias contractuales de patentes son una herramienta clave para la transferencia de tecnología, permitiendo que las invenciones lleguen al mercado incluso si el titular no puede explotarlas directamente. Una redacción adecuada del contrato permite equilibrar derechos y obligaciones, proteger información confidencial, y establecer mecanismos claros de distribución de beneficios.

En escenarios de colaboración tecnológica, su importancia se multiplica, al definir con precisión la titularidad y uso de los resultados, garantizando así un entorno seguro y eficiente para la innovación conjunta.

5.16. LAS PATENTES COMO FUENTE DE INFORMACIÓN

Las patentes constituyen la mayor colección estructurada de información técnica del mundo. Más del 80 % de los contenidos incluidos en los documentos de patente no se publica en ningún otro medio, lo que convierte a estos registros en una fuente insustituible para conocer el estado del arte en cualquier campo tecnológico.

Esta función informativa deriva directamente de la naturaleza de la patente sobre su invención, pero a cambio debe divulgar públicamente su contenido de manera completa y comprensible. Esa obligación de difusión garantiza que el conocimiento generado no quede oculto, sino que pase a formar parte del acervo técnico mundial,disponible para todo aquel que desee consultarlo.

Por ello, cada patente se publica en fuentes públicas y de libre acceso, que hoy acumulan un volumen de información sin precedentes. A través de bases de datos gratuitas como Espacenet, Google Patents o WIPO Patentscope, cualquier persona puede acceder a más de 160 millones de documentos de patente de todo el mundo, lo que permite explorar tendendias, analizar tecnologías emergentes o evitar duplicar esfuerzos de investigación.

Cada documento de patente presenta una estructura uniforme: en la primera página se identifican el titular, el inventor y los datos administrativos; la memoria descriptiva desarrolla la solución técnica propuesta; las reivindicaciones delimitan el alcance del monopolio legal; y el informe sobre el estado de la técnica evalúa la novedad y la actividad inventiva frente a lo ya divulgado.

Además, las patentes se publican en múltiples idiomas y, con frecuencia, en forma de «familias», es decir, una misma invención puede presentarse en varios países, generando documentos equivalentes que permiten rastrear su difusión global.

La clasificación de estos documentos se realiza mediante sistemas armonizados, entre los que destacan:

- La Clasificación Internacional de Patentes (CIP o IPC), administrada por la OMPI y revisada semestralmente, que incluye más de 80.000 códigos activos y permite agrupar invenciones por áreas técnicas.
- La Clasificación Cooperativa de Patentes (CPC), desarrollada conjuntamente por la Oficina Europea de Patentes (OEP) y la Oficina de Patentes y Marcas de Estados Unidos (USPTO), que supera los 260.000 grupos y continúa ampliándose.

En definitiva, las patentes no solo protegen la innovación: difunden conocimiento técnico de manera sistemática, gratuita.y universal, constituyendo una herramienta esencial para la vigilancia tecnológica, la investigación aplicada y la planificación estratégica de la innovación.

EN RESUMEN: LO ESENCIAL DE LA PROPIEDAD INDUSTRIAL

1 Qué proteger

- **Marca**: es el signo que distingue en el mercado los productos o servicios de una empresa frente a los de otras. Según la normativa vigente, pueden registrarse distintos tipos de marcas: denominativas (formadas solo por palabras o letras), figurativas (logotipos o combinaciones de elementos gráficos y textuales), tridimensionales (formas o envases), de posición (la manera específica en que la marca se coloca en un producto), de patrón (motivos que se repiten regularmente), de color (uno o varios colores en sí mismos), sonoras, de movimiento, multimedia y holograma. Bien gestionada, una marca se convierte en un activo estratégico que transmite confianza, reputación y fidelidad.
- **Diseño industrial**: protege la apariencia externa de un producto tanto bidimensional como tridimensional (formas, colores, envases, mobiliario, tipografías, etc.). No cubre la función técnica, sino lo que lo hace reconocible y atractivo. Puede renovarse cada cinco años hasta un máximo de 25 años.
- **Patente o modelo de utilidad**: amparan las invenciones técnicas. La **patente** puede durar hasta 20 años y el **modelo de utilidad** hasta 10 años. Ambas exigen novedad, actividad inventiva y aplicación industrial, y permiten bloquear a competidores y rentabilizar la I+D.

Secreto empresarial: información valiosa que se mantiene oculta de manera indefinida y siempre que no se divulgue. No requiere ningún trámite oficial.

Los títulos de propiedad industrial se deben renovar dentro de plazo: marcas cada 10 años (indefinidamente), diseños cada 5 años (hasta un máximo de 25 años), patentes anualmente hasta un máximo de 20 años. Además, una marca debe usarse de forma efectiva realmente en el mercado para no perder derechos en sus cinco primeros años de vida.

2 Ayudas disponibles

- **SME Fund (EUIPO)**: reembolsos en tasas de marcas, diseños y patentes europeas.
- **Bonificaciones de la OEPM**: reducciones de hasta el 50 % en tasas de patentes y modelos de utilidad para emprendedores, pymes, universidades y organismos públicos de investigación.
- Subvenciones de la OEPM para el fomento de solicitudes de patentes y modelos de utilidad.

Ambas medidas buscan facilitar que la protección de la innovación no se convierta en un freno económico para quienes empiezan o apuestan por I+D.

3 Contar con expertos

Dominar los conceptos básicos es esencial, pero la gestión integral —especialmente en el ámbito de la defensa judicial— requiere profesionales especializados.

4 Y recuerda...

La propiedad industrial no es un simple trámite burocrático: es el escudo que protege tu innovación, el instrumento que da valor a tu empresa y la llave para crecer con seguridad en el mercado.

REFLEXIONES FINALES SOBRE LA PROPIEDAD INDUSTRIAL

A lo largo de estas páginas hemos recorrido el mapa esencial de la propiedad industrial: desde las marcas, nombres comerciales y diseños, hasta las patentes y modelos de utilidad, sin olvidar otras vías de protección como el secreto empresarial. Hemos desmontado mitos y falsas creencias —esa supuesta «patente mundial», la confusión entre patentar y registrar, o la idea de que un título basta por sí solo para blindar un negocio— y hemos visto que el verdadero valor de la propiedad industrial reside en su uso estratégico dentro de la empresa.

La propiedad industrial no es un adorno ni una cuestión secundaria: es un pilar de la competitividad, un activo intangible que puede sobrevivir incluso a la propia empresa. Marcas que se reinventan, diseños que generan diferenciación, patentes que consolidan ventajas técnicas... todos estos títulos son piezas de un mismo puzle: la innovación protegida y gestionada con inteligencia.

Ahora bien, conviene recordarlo: dominar los conceptos básicos es condición necesaria, pero no suficiente. Conocer las herramientas es el primer paso; sin embargo, una gestión completa y eficiente exige en muchas ocasiones la intervención de especialistas quienes pueden acompañar a la empresa en procedimientos complejos, incluidos los judiciales, cuando se trata de defender con firmeza lo que tanto esfuerzo ha costado crear.

Esta guía ha querido ser, ante todo, una puerta de entrada: ofrecer una visión clara, accesible y ordenada de los principales instrumentos de protección. Si has llegado hasta aquí, ya cuentas con un bagaje que te permitirá valorar mejor tus opciones y decidir, con mayor criterio, cómo proteger tu proyecto empresarial.

Permíteme un apunte personal. Trabajo en **Andalucía TRADE**, y mi labor —para la que, literalmente, me pagan— es atender a las empresas andaluzas que necesitan orientación en este ámbito. Si es tu caso, estoy a tu disposición. Y si no eres de Andalucía, tampoco cierres este libro con la sensación de quedarte fuera: siempre encontraremos la manera de ayudarte.

La innovación es una de las aventuras más exigentes, pero también más gratificantes, de nuestro tiempo. Ojalá esta guía te haya servido para comprender que protegerla no es un trámite burocrático, sino un acto de responsabilidad y de futuro. Porque cada marca registrada, cada patente concedida y cada diseño protegido no son solo papeles en un archivo: son el reflejo del talento, el esfuerzo y la visión de quienes creen en sus ideas y se atreven a llevarlas al mercado.

Ese es, en el fondo, el espíritu que quiero transmitirte: **la propiedad industrial no es un fin en sí mismo, sino el medio para que la innovación siga viva, crezca y se convierta en valor real para la sociedad.**

CENTROS Y SERVICIOS DE APOYO EN PROPIEDAD INDUSTRIAL

1 Centros Regionales de Información en Propiedad Industrial (OEPM)

La OEPM (Oficina Española de Patentes y Marcas) cuenta con una red de **Centros Regionales de Información en Propiedad Industrial** repartidos por toda España, desde Andalucía hasta el País Vasco. Estos centros son puntos de contacto territoriales donde se puede obtener orientación presencial sobre cómo proteger signos distintivos, invenciones y diseños.

Son servicios gratuitos y regionalizados, que permiten a pymes, emprendedores e innovadores acercarse a la OEPM, resolver dudas iniciales y recibir orientación para un uso eficaz de la propiedad industrial. Son, en definitiva, una primera puerta de entrada muy valiosa.

2 Centros PATLIB (Patent Information Centres) – Oficina Europea de Patentes (EPO)

La EPO (Oficina Europea de Patentes) ha establecido una red conocida como **PATLIB (Patent Information Centres)**, distribuida por toda Europa. Estos centros brindan asistencia especializada en búsqueda y gestión de patentes, además de ofrecer servicios de información tecnológica y vigilancia. Son ideales para emprendedores y profesionales que deseen acceder a bases de datos, realizar búsquedas, conocer el estado de la técnica o aprender a navegar por el sistema de patentes europeo y mundial.

3 Enterprise Europe Network (EEN) y su apoyo a la propiedad industrial

La **Enterprise Europe Network (EEN)** es la mayor red de apoyo a pymes de Europa, presente en más de 60 países. Está gestionada por la Comisión Europea, en colaboración con consorcios formados por agencias de desarrollo, cámaras de comercio, universidades y centros tecnológicos en cada región. Gracias a ello ofrece servicios cercanos y adaptados a las necesidades de las pymes que desean innovar, internacionalizarse y aprovechar oportunidades de negocio en Europa y en el mundo. Entre sus múltiples servicios, la EEN ofrece apoyo específico en **propiedad industrial**, ayudando a las empresas a proteger sus innovaciones, gestionar patentes y marcas, y orientar su estrategia de internacionalización.

Servicios de EEN en propiedad industrial:

- Asesoramiento personalizado sobre identificación, protección y explotación de activos de PI.
- Formación y difusión mediante talleres, seminarios y materiales educativos.
- Conexión con recursos europeos, incluido el **European IP Helpdesk**, facilitando acceso a información y buenas prácticas.
- Red de expertos y socios, que permite contactar con asesores, centros tecnológicos y otros actores de la innovación en Europa.

Gracias a la EEN, las pymes cuentan con un soporte integral que les permite proteger sus innovaciones a nivel internacional y acceder a la red europea de conocimiento y recursos en PI.

4 Servicios del European IP Helpdesk

El **European IP Helpdesk**, desarrollado por la Comisión Europea, es un servicio gratuito dirigido a pymes y equipos de investigación europeos, especialmente a aquellos que participan en proyectos financiados por programas como Horizon Europe o COSME.

Principales servicios:

- **Helpline**: Respuesta personalizada a preguntas sobre PI en un máximo de tres días laborables.
- **Formación**: *Webinars*, talleres presenciales y formación en línea sobre gestión y protección de la PI.
- **Biblioteca de recursos**: Guías, folletos, estudios de caso, boletines e infografías.

5 Mención especial: el equipo de Ambassadors del European IP Helpdesk

Los **European IP Helpdesk Ambassadors**, en colaboración con la red EEN, son técnicos especializados en propiedad intelectual e industrial que actúan como extensiones locales del Helpdesk europeo.

Funciones:

- Traducir y contextualizar los materiales del EU IP Helpdesk.
- Organizar formaciones y eventos locales.
- Difundir recursos y contenido adaptado a cada región.
- Facilitar retroalimentación desde el terreno al Helpdesk central.

Actualmente hay **47 embajadores** en **28 países europeos**, llevando el asesoramiento de PI al ámbito local, en la lengua y el contexto de cada región.

Desde los centros de tu comunidad autónoma hasta los embajadores europeos que te acompañan sobre el terreno, pasando por la red EEN y la coordinación de la Comisión Europea, cuentas con una comunidad viva de apoyo a la propiedad industrial. Una red que permite a pymes y emprendedores proteger sus innovaciones y abrirse al mundo.

AGRADECIMIENTOS

En primer lugar, gracias a Ligia Boga y Javier Castaño por hacer realidad esta guía a partir de un conjunto de párrafos bienintencionados.

He tenido mucha suerte a lo largo de mi carrera profesional. Puede parecer un exceso de adulación, pero de todos mis jefes en estos años no he recibido más que apoyo e interés en las distintas iniciativas y proyectos en los que me he ido viendo inmerso. Quiero recordar hoy a mi primer jefe, Jerónimo Jiménez, entonces gerente provincial del Instituto de Fomento de Andalucía, que tomó la decisión de darme la oportunidad de trabajar como técnico cuando apenas tenía diez meses de experiencia como becario. También fue él quien me asignó la atención del servicio de propiedad industrial en 2002.

Cristina Amate ha sido siempre casi más una madre que una jefa. Gracias a su esfuerzo y dedicación, Andalucía ocupa un lugar de referencia dentro de los servicios de propiedad industrial.

A veces siento que el mundo de la propiedad industrial es para mí como una pequeña familia. Llevo mucho tiempo coincidiendo con algunos compañeros y compartimos, en muchos casos, problemas y preocupaciones. Dentro de mi empresa hay un excelente grupo de profesionales repartidos por toda Andalucía, a los que aprecio profundamente. Quiero agradecer en especial su colaboración en esta guía a Amalia Bernier, Björn Jurgens, Concha González, Laura Camacho y Pedro José Gámez.

Siempre es un placer colaborar con mis compañeras del EU IP Helpdesk Ambassadors. Casi nos entendemos con la mirada, y también han puesto su granito de arena en esta guía Estrella Alcón, Mónica Díaz y Cristina Natal.

Gracias también a Ana Cariño, de la OEPM, tan cercana y encantadora como siempre; muchos la consideramos una de los nuestros.

Mónica Castilla ha sido durante mucho tiempo una de las ponentes de propiedad industrial más activas y eficientes de este país. Por supuesto, no se le ha olvidado todo lo que sabe.

A Francisco Moreno lo conocí en aquellos tiempos de Twitter en los que te cruzabas con gente interesante y dispuesta a compartir. ¿Quién me iba a decir que detrás de aquel avatar con gorra verde estaba uno de los mejores expertos en patentes de este país? Su blog es una referencia para cualquier interesado en la materia (https://patentes.wordpress.com/).

Gracias también a los escritores David Yagüe y Víctor Fernández Correas por devolverme el favor de ser mis lectores cero.

Y, por último, muchísimas gracias a Fabián Plaza y a Jacobo Feijóo por abrirme esta puerta al mundo editorial.

CONTENIDOS EXTRA

Si te ha gustado este libro, te invito a descargarte una serie de contenidos extra que podrás encontrar en el código QR que adjunto justo abajo.

Por otra parte, si has adquirido este libro en Amazon, me ayudaría muchísimo que te tomases unos segundos para votarme con estrellas. Desde ya, mi sincero agradecimiento por tu tiempo.